NEW
일본어능력시험 답다!

이종권 저

N2 청해

머리말

　새롭게 개정된 NEW(신) 일본어능력시험의 개정 포인트를 이해하고 공부한다면, 수험생 여러분은 이미 합격고지의 절반은 오른 셈입니다. 개정된 주요한 포인트인 **[과제 수행을 위한 언어커뮤니케이션능력]**이란, 우리들이 생활 속에서 부딪히는 여러 과제에 대해 그 해결방법을 찾는 것이라고 해도 과언이 아닙니다. 과거의 암기 이해에 의존하는 그런 시험이 아님을 꼭 알아 두셔야 할 것입니다. 새로운 시험은 기존의 암기 이해는 물론이고, 어떤 일을 판단하고 수행하는데 필요한 일본어 실력을 측정하는 시험입니다.

　NEW(신) 일본어능력시험에서는 언어지식(문자 · 어휘 · 문법)을 바탕으로 독해와 청해 과제를 수행하는 능력을 측정하는 시험이므로, **언어지식을 공부한 후에 독해, 청해 순**으로 공부를 해가는 것이 효율적이라 하겠습니다. 물론 청해의 기본인 귀가 열려있는 단계가 아니라면, 청해 연습을 꾸준히 언어지식 공부와 병행해야 합니다.

　NEW(신) 일본어능력시험에서는 합격을 위한 기준 점수가 제시되지 않았지만, 과거와 달리 **영역별 과락제도**가 도입되므로 전체적인 균형을 유지하는 학습방법이 요구됩니다. 어느 한 영역으로 치우치는 학습방법은 바람직하지 않습니다.

　본서는 개정된 **NEW(신) 일본어능력시험에 맞추어 새롭게 집필**되었고, 새로운 유형을 최대한 이해하기 쉽게, 또한 많은 문제를 다루었습니다. **모의고사도 3회**로 다양한 문제를 수록했습니다. 본서에 수록된 많은 문제들을 풀어보고, 모르거나 자신이 틀린 문제들은 꼭 다시 공부해서 고득점으로 합격하시기를 기원합니다.

　공부하다가 모르는 것이나 궁금한 사항이 있으시면 언제든지 제가 운영하는 다음 카페(http://cafe. daum.net/jlpt)나 http://www.ejujlpt.com 으로 문의 주세요. ^^ 시험에 대한 다양한 정보도 여기서 찾아볼 수 있습니다.

　시험문제 출제와 자료 정리에 온 힘을 써준 이종권일본어학원 Japanese Test R&D Center 연구원들에게 감사를 표합니다. 또한 멋진 교재가 나올 수 있도록 모든 노력을 아끼지 않고 도와주신 사람in 박효상 사장님과 편집부 직원들에게도 많은 감사드립니다.

NEW(신) 일본어능력시험 N2 수험생들의 **고득점 합격**을 기원하면서

저자 이종권

목차

'일본어 능력시험'은 단순히 일본어 실력만을 묻는 시험이 아니라, 실제로 사용할 수 있는 일본어 실력을 갖추고 있는가를 중시하는 시험으로, 일본어의 문자·어휘·문법의 언어지식뿐만 아니라, 그 지식을 토대로 커뮤니케이션을 원활하게 할 수 있는가를 판가름하는 시험이다.

● 실질적인 일본어 사용에 중점을 둔 만큼 '독해'와 '청해'의 비중이 높다.
● 시험은 7월과 12월(연 2회)에 실시된다.

1. 급수별 차이 이해하기

일본어 능력시험은 1급에서 5급까지의 5단계로 이루어진다.

다음은 급수별로 일본어 능력시험에 합격했을 때 인정되는 사항으로, 학습자는 다음의 사항을 참고로 시험의 급수를 정해 시험에 응할 수 있다.

급수	급수 취득 시 인정되는 사항
N1	여러 방면에서 사용되는 일본어를 이해·사용할 수 있다.
N2	일상적인 일본어 사용이 가능하고, 좀 더 넓은 방면에서 사용되는 일본어를 어느 정도 사용할 수 있다.
N3	일상적인 일본어를 어느 정도 사용할 수 있다.
N4	기본적인 일본어를 사용할 수 있다.
N5	기본적인 일본어를 어느 정도 사용할 수 있다.

2. 각 급수별 과목과 시험 시간

급수	시험 과목 (시험 시간)		
N1	언어지식(문자 · 어휘 · 문법) · 독해 **110분**		청해 **60분**
N2	언어지식(문자 · 어휘 · 문법) · 독해 **105분**		청해 **50분**
N3	언어지식(문자 · 어휘) **30분**	언어지식(문법) · 독해 **70분**	청해 **40분**
N4	언어지식(문자 · 어휘) **30분**	언어지식(문법) · 독해 **60분**	청해 **35분**
N5	언어지식(문자 · 어휘) **25분**	언어지식(문법) · 독해 **50분**	청해 **30분**

3. 시험 점수의 배점 구분 및 합격선

급수	배점 구분		득점 범위
N1	언어지식(문자 · 어휘 · 문법)	60	100점 만점으로 환산
	독해	60	100점 만점으로 환산
	청해	60	100점 만점으로 환산
		만점	300
N2	언어지식(문자 · 어휘 · 문법)	60	100점 만점으로 환산
	독해	60	100점 만점으로 환산
	청해	60	100점 만점으로 환산
		만점	300
N3	언어지식(문자 · 어휘 · 문법)	60	100점 만점으로 환산
	독해	60	100점 만점으로 환산
	청해	60	100점 만점으로 환산
		만점	300
N4	언어지식(문자 · 어휘 · 문법) · 독해	120	200점 만점으로 환산
	청해	60	100점 만점으로 환산
		만점	300
N5	언어지식(문자 · 어휘 · 문법) · 독해	120	200점 만점으로 환산
	청해	60	100점 만점으로 환산
		만점	300

합격은 전체 점수의 총점으로 결정되는 것이 아니라, 각 과목당 기준점이 있어, 모든 과목에서 기준점을 획득해야 합격할 수 있다. 한 과목이라도 기준점에 미달되었을 시에는 불합격 처리된다.

일본어 능력시험 N2 문제 유형 총정리

시험 과목 (시험시간)		문제유형		유형 설명	문항수	문제 풀이 소요 시간
언어 지식 · 독해 (105분)	문자 · 어휘	問題1	한자읽기	문장에서 밑줄 친 부분의 한자의 読み方를 찾는 문제	5	110분 중 20분 내에 문제를 해결한다.
		問題2	한자표기	히라가나로 쓰여 있는 어휘의 한자를 찾는 문제	5	
		問題3	어형성	파생어나 복합어의 지식을 묻는 문제	5	
		問題4	문맥규정	문장의 문맥에 맞게 괄호 안에 들어갈 가장 알맞은 어휘를 찾는 문제	7	
		問題5	유의어 표현	문장에서 밑줄 친 어휘와 가장 가까운 표현을 찾는 문제	5	
		問題6	용법	주어진 어휘가 가장 알맞게 사용된 문장을 찾는 문제	5	
	문법	問題7	문법형식 판단	괄호 안에 들어갈 가장 알맞는 문법적 기능어를 찾아 문장을 완성하는 문제	12	110분 중 20분 내에 문제를 해결한다.
		問題8	문장 조합	선택지로 주어진 1~4의 어휘를 나열하여 문장을 완성한 후, ★ 표시가 된 부분에 들어갈 표현을 찾는 문제	5	
		問題9	문장 속 문법	글을 읽고 빈 칸에 들어갈 표현을 찾는 문제	5	
	독해	問題10	내용이해(단문)	단문을 읽고 푸는 문제	5	110분 중 65분 내에 문제를 해결한다.
		問題11	내용이해(중문)	중문을 읽고 푸는 문제	9	
		問題12	종합 이해	두 개 이상의 글을 읽고 비교 · 통합 후 푸는 문제	2	
		問題13	주장 이해	장문의 글을 읽고 저자의 주장이나 의견 등을 찾는 문제	3	
		問題14	정보 검색	공고, 팸플릿, 정보지 등의 글을 읽고 정보를 찾는 문제	2	
청해 (50분)		問題1	과제 이해	구체적인 과제 해결에 필요한 정보를 듣고, 다음에 일어날 사항을 묻는 문제	5	청해는 문제 유형별로 주어지는 시간에 차이가 있으므로, 먼저 문제 유형을 확실하게 파악한 후, 문제 유형에 익숙해지는 것이 중요하다.
		問題2	포인트 이해	대화 혹은 한 사람의 이야기를 듣고, 내용의 포인트를 파악하는 문제	6	
		問題3	개요 이해	내용의 전체를 듣고 화자의 의도 및 주장 등을 파악하는 문제	5	
		問題4	즉시 응답	짧은 글 또는 대화문을 듣고 적절한 응답을 찾는 문제	12	
		問題5	종합 이해	긴 내용을 듣고, 두 개 이상의 정보를 비교 · 통합하는 문제	4	

청해 만점을 위한 워밍업

본서는 페이지 번호와 MP3 파일 번호가 일치합니다.
음원을 들어야 할 페이지와 같은 MP3 번호를 실행시키면, 원하는 음원을 들을 수 있습니다.

✳ 🎧 : MP3 파일 번호
✳ 📖 : 스크립트 페이지

1. 기본 연습

(1) 발음

일본어의 발음은 단어를 하나씩 발음할 때와 문장 안에서 발음할 때, 그 발음이 조금씩 달라진다. 그래서 단어를 하나만 들었을 때는 알아들어도, 문장으로 들을 때는 못 알아듣는 경우가 종종 발생한다. 청해 문제에 잘 대응하려면, 문장을 들으면서 바로 바로 이해를 해야 하는데, 발음 자체를 못 알아들으면 머리 속에서 이미 번역 속도가 늦어져 문제를 놓치기 쉽다.

우선은 기본적인 발음이 들려야 다양한 문장들을 어려움 없이 듣고 이해할 수 있기 때문에, 여기서는 간단한 기본단어를 듣는 연습을 해보도록 하겠다.

어느 쪽 발음인지 듣고 ☑ 체크해 보자.

가. 비슷한 발음

1. ☐ のり ☐ とり
2. ☐ もも ☐ とも
3. ☐ としつ ☐ そしつ
4. ☐ あいたい ☐ かいたい
5. ☐ ほそい ☐ おそい
6. ☐ ふえき ☐ うえき
7. ☐ うけすけ ☐ うけつけ
8. ☐ もくおん ☐ ろくおん
9. ☐ ていど ☐ せいど
10. ☐ ひじょう ☐ しじょう

11. ☐ あきおととい ☐ さきおととい
12. ☐ こんだて ☐ こんだけ
13. ☐ えんき ☐ てんき
14. ☐ しんよう ☐ きんよう
15. ☐ ねこむ ☐ へこむ
16. ☐ くつう ☐ ふつう
17. ☐ れんしゅう ☐ けんしゅう
18. ☐ こっそり ☐ のっそり
19. ☐ もうふ ☐ ほうふ
20. ☐ まいにち ☐ らいにち

1. □ えいきょう　　□ えいぎょう
2. □ しんるい　　□ じんるい
3. □ よこす　　□ よごす
4. □ ようじ　　□ ようし
5. □ メンバー　　□ メンパー
6. □ めいしん　　□ めいじん
7. □ ポールペン　　□ ボールペン
8. □ フラス　　□ プラス
9. □ トランプ　　□ トランブ
10. □ ひととおり　　□ ひとどおり
11. □ にし　　□ にじ
12. □ ちょくぜん　　□ ちょくせん
13. □ ふこう　　□ ふごう
14. □ とくばい　　□ とくぱい
15. □ ダブる　　□ ダプる
16. □ はんざい　　□ ばんざい
17. □ てんぽう　　□ でんぽう
18. □ ブリント　　□ プリント
19. □ たがい　　□ たかい
20. □ とうよう　　□ どうよう

1. □ エチケット　　□ エチケト
2. □ こよう　　□ こうよう
3. □ こきょう　　□ こうきょう
4. □ うったえる　　□ うたえる
5. □ ロッカー　　□ ロッカ
6. □ ネックレス　　□ ネクレス
7. □ ストキング　　□ ストッキング
8. □ ほほ　　□ ほうほう
9. □ ぐっすり　　□ ぐすり
10. □ しょうぼうしょ
　　□ しょうぼうしょう
11. □ よぶん　　□ ようぶん
12. □ いち　　□ いっち
13. □ どうろ　　□ どろ
14. □ ずうずうしい　　□ ずうずしい
15. □ リットル　　□ リトル
16. □ にこり　　□ にっこり
17. □ フォーク　　□ フォク
18. □ ゆっくり　　□ ゆくり
19. □ サービス　　□ サビス
20. □ ラッシュアワ
　　□ ラッシュアワー

1. □ へいき　　　　□ へいきん
2. □ けっかん　　　□ けっか
3. □ ほらい　　　　□ ほんらい
4. □ あい　　　　　□ あんい
5. □ しじん　　　　□ しじ
6. □ いちば　　　　□ いちばん
7. □ ちょき　　　　□ ちょきん
8. □ まがいち　　　□ まんがいち
9. □ ひょうじゅん　□ ひょうじゅ
10. □ じぶんかがく　□ じんぶんかがく

11. □ ようじん　　　□ ようじ
12. □ はんだん　　　□ はんだ
13. □ テンポン　　　□ テンポ
14. □ めいしん　　　□ めいし
15. □ そうおん　　　□ そうお
16. □ ちょうか　　　□ ちょうかん
17. □ スタート　　　□ スターント
18. □ しゅうにん　　□ しゅうに
19. □ たんこ　　　　□ たんこう
20. □ ぼっちゃん　　□ ぼっちゃ

우리말의 사물을 세는 단위가 다양하듯이 일본어의 사물을 세는 단위도 다양하다.
N2 수준의 조수사를 반복하여 들으며 시험에 대비하도록 하자.

01 組 いくつかが集まって一揃いになっているもの

一組	ひとくみ	二組	ふたくみ
三組	さんくみ	四組	よんくみ
五組	ごくみ	六組	ろっくみ
七組	ななくみ	八組	はちくみ／はっくみ
九組	きゅうくみ	十組	じゅっくみ／じっくみ
何組	なんくみ		

02 件 事柄・事件・電話・FAXの送受信数・伝言など

一件	いっけん	二件	にけん
三件	さんけん	四件	よんけん
五件	ごけん	六件	ろっけん
七件	ななけん	八件	はちけん／はっけん
九件	きゅうけん	十件	じゅっけん／じっけん
何件	なんけん		

03 冊 書物

一冊	いっさつ	二冊	にさつ
三冊	さんさつ	四冊	よんさつ
五冊	ごさつ	六冊	ろくさつ
七冊	ななさつ	八冊	はっさつ
九冊	きゅうさつ	十冊	じゅっさつ／じっさつ
何冊	なんさつ		

04 台 車両、機械、オルガン・ピアノ、こたつなど

一台	いちだい	二台	にだい
三台	さんだい	四台	よんだい
五台	ごだい	六台	ろくだい
七台	ななだい	八台	はちだい
九台	きゅうだい	十台	じゅうだい
何台	なんだい		

05 杯 器に入れた液体、茶碗に盛った飯、たこ・いか・あわびなど

※烏賊、蛸、蟹、鮑は、杯（又は盃）として用いることができる形から、生きている間は「匹」、商品になると「杯」と数える

一杯	いっぱい	二杯	にはい
三杯	さんばい	四杯	よんはい
五杯	ごはい	六杯	ろっぱい
七杯	ななはい	八杯	はっぱい
九杯	きゅうはい	十杯	じゅっぱい／じっぱい
何杯	なんばい		

(3) 뉘앙스 파악

N2에서는 일본어의 뉘앙스 파악도 중요하다.

같은 문장이라도 어떤 느낌으로 말하는지 잘 파악해야 하고, 생략된 내용이 있다면 그 내용이 무엇일지 알아차려야 일본어 시험에서 고득점을 받을 수 있다.

다음 예문을 듣고, 남성 혹은 여성의 말에 어떤 뉘앙스가 숨어 있는지 찾아보자.

（예）女性の本当の考えはどっち？

    （A）いいと思う。

    （B）よくないと思う。

정답은 (A)다. 그럼, 본격적으로 문제를 풀어보도록 하자.

1. 男性の今の状況はどっち？

    （A）禁煙している。

    （B）禁煙していない。

2. 女性はどう思っている？

    （A）男性より生意気だ。

    （B）男性よりは生意気ではない。

3. 男性は本当はどう思っている？

    （A）いいアイデアがある。

    （B）いいアイデアがない。

4. 女性の本当の気持ちはどっち？

    （A）気付いてほしかった。

    （B）気付いてほしくなかった。

5. 男性の本当の気持ちはどっち？

    （A）痛い。

    （B）痛くない。

6. 女性はどうしたい？

    （A）インタビューを受けたい。

    （B）インタビューを受けたくない。

7. 男性の今の気持ちはどっち？

    （A）慌てている。

    （B）慌てていない。

8. 男性はウサギを飼う気持ちがある？

    （A）ある。

    （B）ない。

9. 男性は荷物を受け取った？

　（A）受け取った。

　（B）受け取らなかった。

10. 男性は本当はどうしたい？

　（A）うどんを食べたい。

　（B）うどんを食べたくない。

11. 男性の本当の気持ちはどっち？

　（A）嬉しい。

　（B）嬉しくない。

12. 女性は旅行に行ける？

　（A）行ける。

　（B）行けない。

13. 女性は最近いいことがあった？

　（A）あった。

　（B）なかった。

14. 男性の本当の気持ちはどっち。

　（A）意外だった。

　（B）意外ではなかった。

15. 男性は今どうしたい？

　（A）休憩したい。

　（B）休憩したくない。

16. 女性の考えはどっち？

　（A）並びたい。

　（B）並びたくない。

17. 女性の考えはどっち？

　（A）喜ばれると思っている。

　（B）喜ばれると思っていない。

18. 女性は男性の意見に賛成か？

　（A）賛成だ。

　（B）反対だ。

19. 男性は事件について知っているか？

　（A）知っている。

　（B）知らない。

20. 男性の本当の気持ちはどっち？

　（A）地味だと思っている。

　（B）地味だと思っていない。

청해 시험에서 아무리 긴장하고 집중해서 듣는다고 해도 모든 내용을 처음부터 끝까지 100% 다 듣고 이해하기에는 무리가 있다. 그럼, 어떻게 해야 청해 시험에 효율적으로 대처할 수 있을까?

청해에서 내용을 잘 듣고 이해하는 것도 중요하지만, 그전에 문제를 잘 듣고 파악하는 것이 더 중요하다고 할 수 있겠다. 문제를 잘 듣고 파악해야 그 다음에 듣는 내용에서 무엇을 중심으로 들을지를 판단할 수 있게 되고, 정답과 오답을 빨리 판가름할 수 있게 되기 때문이다.

그럼, 문제를 잘 듣고 정답을 찾아보자.

1.
1. 映画に感動したから
2. ネックレスをなくしたから
3. ケーキを弟に食べられたから
4. オレンジと間違えてレモンを
   食べてしまったから

2.
1. 台詞を自分の好きなように変えて
   しまうところ
2. 台詞をすぐに忘れてしまうところ
3. 表情が硬いところ
4. 動作が不自然なところ

3.
1. 富士山
2. 東京タワー
3. 金閣寺
4. 大阪城

4.
1. 初めて来たから
2. 昔と雰囲気が変わっていたから
3. 一人で来たから
4. 方向感覚がないから

5.
1. 牛の小屋の掃除
2. 牛の糞の掃除
3. 牛のえさやり
4. 牛を洗うこと

(5) 필요정보를 찾아 듣는다.

　일본어능력시험 청해에서 문제를 풀기 위해 들어야 하는 정보는 보통 1~2개이다. 여기서는 필요한 정보만을 골라 듣는 연습을 해보도록 하자. 물론 앞에서 연습한 '문제를 잘 듣는다'는 것이 전제된다.

1. 1. 北
　　2. 南
　　3. 東
　　4. 西

2. 1. 1人
　　2. 3人
　　3. 5人
　　4. 6人

3. 1. 顔を洗わず寝てしまったから
　　2. 化粧水が合わないから
　　3. 年だから
　　4. エアコンのついた部屋にずっといたから

4. 1. 6時
　　2. 6時3分
　　3. 6時10分
　　4. 6時23分

5. 1. 外
　　2. 低い塀
　　3. 庭
　　4. 背の高い植物

　일본어능력시험에서는 다양한 표현을 구사할 수 있는 능력 역시 요구하기 때문에, 대화의 내용을 다른 표현으로 바꾸어 물었을 때, 바로 이해하고 정답을 고를 수 있는 실력을 갖추어야 한다.

　이 부분은 청해 실력과 함께 어휘력도 풍부해야 쉽게 대처할 수 있다.

1. 1. 相手を尊敬すること

　　2. 相手を信じること

　　3. 相手に丁寧に接すること

　　4. 相手に挨拶の言葉を述べること

2. 1. 母が使っているエプロンが古くなったから

　　2. 機能がたくさんついていたから

　　3. バーゲンで安かったから

　　4. 母が気に入ると思ったから

3. 1. スーパーに行けなかったから

　　2. あった卵が古かったから

　　3. 残業しなければならなくなったから

　　4. 夫が卵を朝に全部食べてしまったから

4. 1. エコクッキングは経済的ではない。

　　2. エコクッキングとはガスの量を減らすためだけに考えられたものだ。

　　3. エコクッキングは野菜の皮や葉のみを材料としている。

　　4. エコクッキングとは環境のことを考えて料理を作ろうとすることだ。

5. 1. 手品をするときに台詞が必要かどうかを考えること

　　2. 手品の要領をつかむこと

　　3. 手品の見せ方を研究すること

　　4. 今以上にたくさん練習すること

1.

2.

3.

4.

5.

(8) 오답을 정리한다.

　무언가를 결정해야 하는 내용의 대화를 듣다 보면, 최종적으로 결정되기까지 여러 제안들이 제시되는데, 이때는 어떤 제안이 마지막에 정답이 될지 알 수 없기 때문에 언급되는 모든 제안의 구체적인 내용을 정리해 놓아야 한다. 예를 들면, 4개의 제안이 나오고 그중 하나를 정답으로 만드는 과정에서, 다른 3개가 오답이 되는 이유까지 정리해야 정답을 찾을 수 있다는 것이다. 만약, 기억력만을 의지해서 문제를 풀다 보면 마지막에 어떤 것이 정답인지 애매해질 수 있다. 이럴 경우를 대비해서 오답이라는 확신이 들더라도 정리해 두는 습관을 들이는 것이 고득점을 받기 위한 습관이 될 수 있겠다.

　또, '(6) 들은 정보를 다른 말로 바꾼다'에서 공부한 것처럼 정답을 다른 표현으로 바꾸어 제시되기도 하는데, 대부분 오답은 본문에서 나온 표현 그대로 나온다는 것도 참고해서 알아두자.

1.

2.

3.

4.

5.

무엇에 대해서 이야기하고 있는지를 파악하는 문제들도 출제되고 있다. 즉, 전체의 요점이 무엇인지를 묻는 문제이다. 대화의 흐름이나 자주 나오는 키워드를 주의해서 들으면 요점을 파악할 수 있고, 말하는 사람이 주로 무엇을 강조하는지를 잘 듣는 것이 도움이 된다.

1.

2.

3.

4.

5.

앞에서 연습한 내용들을 중심으로 이제부터는 본격적으로 메모하는 연습을 해보도록 하자.

메모는 기억력의 보조수단으로 상용되는 것으로, 모든 내용을 스크립트처럼 전체를 받아적는 것은 아니다. 문제 풀이를 하는 동안에 1~2분 정도만 기억하고 이해할 수 있을 만큼만 적으면 된다. 그러므로 꼭 일본어로 메모할 필요는 없다. 우리말로 해도 되고 영어로 해도 된다. 물론 여러 언어를 섞어서 해도 된다. 결론은 본인만 알아보면 되는 것이다.

실제 시험장에서 수동적인 자세로 시험에 응하는 수험생들을 종종 볼 수 있는데, 그러한 자세로 시험에 응하다 보면, 정신 집중이 안 되는 것은 기본이고 심지어는 문제를 풀다가 다른 생각까지 하게 될 수도 있다. 이런 상황을 방지하기 위해서라도 필요한 것이 메모다. 메모를 하면 집중력도 높아지고 다른 생각을 하지 않게 되므로 단순한 실수까지 줄일 수 있다.

어떤 내용을 메모해야 하는지는 예제문제를 풀면서 체득하기 바란다.

1.

1. ハイキングに絶対行けないのは誰ですか？

----

2. デートがなくなって暇になった人は誰ですか？

----

3. 二人はお弁当をいくつ買うつもりですか？

----

4. ハイキングに確実に参加できるのは何人ですか？

----

5. 今日は何曜日ですか？

2.

1. 今年は何人でパーティーをしますか？

----

2. ビールを飲めるのは何人ですか？

----

3. ワインが好きなのは誰ですか？

----

4. お母さんは缶ビールを何本買いましたか？

----

5. 去年のパーティーの時は何のケーキを食べましたか？

1.

1. 今の外の天気は何ですか？

----

2. 娘はいつも何時に起きていますか？

----

3. 娘は朝ごはんに何を食べようとしていましたか？

----

4. 家にあったカップラーメンはお湯を入れてから何分後に食べられますか？

----

5. お湯を入れてラーメンができる間に娘は何をしようとしていますか？

2.

1. 2 人ともアルバイトがあるのは何曜日ですか？

----

2. 2 人が一緒に入れるサークルはいくつありますか？

----

3. どのサークルも活動していないのは何曜日ですか？

----

4. サークルの活動が一番行われているのは何曜日ですか？

----

5. 2 人はどのサークルに入ることにしましたか？

1.

1. この店で一番安いメニューは何ですか？

2. 二人が食べるとしたら、しゃぶしゃぶと野菜鍋の値段の差はいくらですか？

3. しゃぶしゃぶの１人分の値段はいくらですか？

4. 男性の給料日はいつですか？

5. 結局二人は何を食べることにしましたか？

2.

1. 女性は何人家族ですか？

----

2. 女性はハンバーグを作る時、どの肉をたくさん使いますか？

----

3. 女性は牛肉を何グラム買いましたか？

----

4. 女性は鶏肉を何グラムもらうことにしましたか？

----

5. キャンペーンは今日を除いてあと何日ありますか？

1.

1. 双子は誰と誰ですか？

----

2. 上の段の右側にいるのは誰ですか？

----

3. 下の段の左側にいるのは誰ですか？

----

4. Ｖサインをしているのは誰と誰ですか？

----

5. ４人はどんな関係ですか？

2.

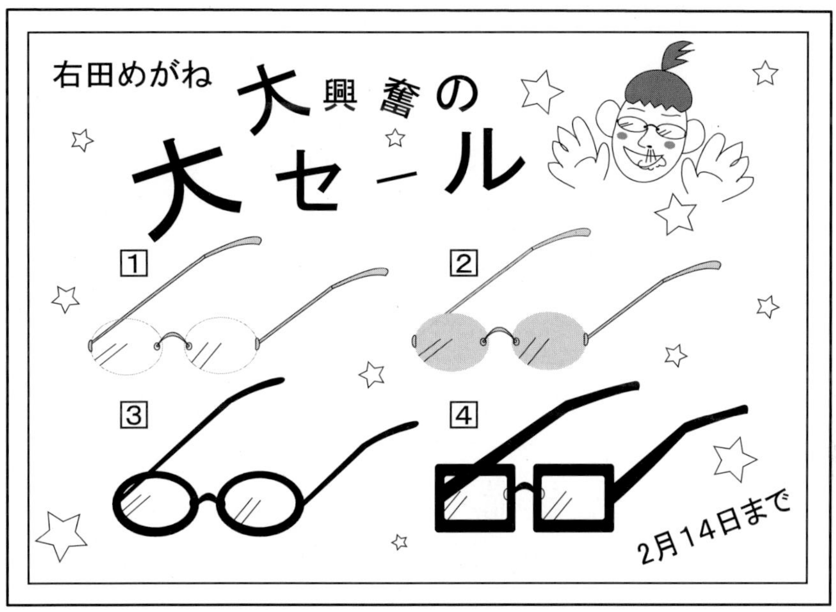

1. お母さんが気に入ったメガネはどれですか？

　　--

2. 娘が今人気があると言っているメガネはどれですか？

　　--

3. 娘が今つけているメガネと似ているメガネはどれですか？

　　--

4. 娘はどのメガネを買うことにしましたか？

　　--

5. 今日は何月何日ですか？

　　--

(1) 축약형

01 てる → ている

その服、しばらく着てなかったの？
服にしわが付いてるよ。

02 でる → でいる

いつまで本を読んでるの？もう夜
中の１時だよ。

03 てた → ていた

彼が私に嘘をついてたなんて、信
じられない。

04 でた → でいた

半年の間、病気で苦しんでたなん
て、知らなかったよ。

05 じゃ → では

お母さんに黙って水泳教室に申し
込んじゃダメでしょ。

06 ちゃ → ては

この花瓶はお母さんが大事にして
いる物だから絶対に割っちゃダメ
だよ。

07 ちゃう → てしまう

先生に突然、質問されて慌てちゃ
ったよ。

08 じゃう → でしまう

壁に穴が開いてる！ 風も雨も入っ
てくる前に塞いじゃおう。

09 とく → ておく

ミスがないかどうか書類をもう一
度見直しといたよ。

10 どく → でおく

知らない人と目が合ったんだけど、
どうしていいか分からなくて一応
微笑んどいたよ。

11 たげる → てあげる

髪に埃が付いてるから、取ったげ
るよ。

12 なきゃ → なければ

特別授業の締め切り、今日までだ
った。早く申し込みしなきゃ。

13 なけりゃ → なければ

仕事が終わらずに一人会社に残って
終わらせなけりゃならなかった。

14 なくちゃ → なくては

風邪をひいてる息子のために薬局
に行って薬買わなくちゃ。

15 んない → らない、りない、
**　　　　　　れない、ない**

今回だけは誰にも譲んない。

16 ん → の

君ん家ってマンションの何階にあるの？

17 たって → ても

いくら希望を言ったって聞いてもらえなかったら意味ないよ。

18 だって → でも

どんな薬を飲んだってこの病気は治らないよ。

19 かも → かもしれない

結婚したくないってずっと言ってたけど、理想の人が目の前に現れたら結婚したくなるかも。

20 たら → たらどう

今日一日勉強したって明日の試験の成績は一緒だと思うよ。諦めてもう寝たら？

21 だら → だらどう

最近あなた頑張りすぎじゃない？少し休んだら？

22 って → と、という、というのは、と聞いたそうだ

今年雨の降る量が少なくて断水した県が多かったんだって。

23 けど → けれども

今の仕事は大変だけど、とても勉強になります。

24 っけ → ましたか？、でしたか？

この椅子って高さの調節できなかったっけ？

(2) 종조사

종조사란 문장 끝에 붙어서 말하는 사람의 감정 상태를 나타낸다. 일부 종조사는 남성어와 여성어로 구별되어 있다.

01 ね　주로 상대방의 동의를 구하려고 할 때, 주로 상대방의 의견에 동의할 때

この二人ってだいぶ前から付き合ってたよね？

02 わね　여성어로서 상대방의 동의를 구하려고 할 때

最近よく停電が起きるわね。

03 よ　주로 자기의 주장을 상대방에게 알리려고 할 때

ここにあった店、また潰れたよ。

04 わよ　여성어로서 상대방의 동의를 구하려고 할 때

彼ならまだ教室に残って勉強してたわよ。

05 よね　상대방의 동의를 구하는 동시에 자기의 주장을 상대방에게 알리고자 할 때

やっぱりドラマの中でこれが一番おもしろいよね。

06 な 감정을 넣어서 표현하고자 할 때

今日の晩御飯、どんぶりだったらいいな。

07 だな 주로 남자들이 감정을 넣어서 표현하고자 할 때

やっぱり冬に旅行に行くなら温泉だな。

08 かな 확실하지 않은 상황에서 본인의 의문을 표현할 때

人間はどうして何もしなくてもお腹がすくのかな。

09 かしら 여성어로서 확실하지 않은 상황에서 본인의 의문을 표현할 때

彼はなぜがっかりしているのかしら。

10 ぞ 주로 남성어로서 자신의 의지를 강하게 표현하고자 할 때

今度同じようなことをしたら絶対に許さないぞ。

(3) 기타

01 まじ？ / 本当？

来月の世界マラソンに出るって話まじ？

02 だい？ / ですか？

車の免許って何歳から取れるんだい？

03 かい？ / ますか？

この作業を君一人でやれるのかい？

04 の？ / のですか？（んですか？）

この仕事本当に彼に任せられるの？

청해 만점을 위한 실전 연습

  청해에서 고득점을 받기 위해서는 이해하는 속도를 높여야 한다. 이해하는 속도를 높인다는 것은 듣는 속도만큼 이해하는 속도도 빨라야 한다는 것이다.
  일본어를 듣고, 머릿속에서 해석하고 이해하는데 소요되는 시간이 아무리 빨라도 듣는 속도보다는 빠를 수가 없다. 같은 내용을 반복해서 듣고 모르는 어휘가 나오면 사전을 찾아 두는 방법 등으로, 뇌에서 번역하는 기능을 빼내야만 이해하는 속도를 높일 수 있다. 이것은 반복 훈련을 통해서 자연스럽게 몸에 익혀지는 것이다.
  그럼, 이제부터는 일본어 능력시험의 유형을 익힌 후, 모의고사를 풀면서 보다 본격적으로 청해 파트에 대비하도록 하자.

시험 과목 (시험시간)	문제유형		유형 설명	문항수
청해 (50분)	問題1	과제 이해	구체적인 과제 해결에 필요한 정보를 듣고, 다음에 일어날 사항을 묻는 문제	5
	問題2	포인트 이해	대화 혹은 한 사람의 이야기를 듣고, 내용의 포인트를 파악하는 문제	6
	問題3	개요 이해	내용의 전체를 듣고, 화자의 의도 및 주장 등을 파악하는 문제	5
	問題4	즉시 응답	짧은 글 또는 대화문을 듣고, 적절한 응답을 찾는 문제	12
	問題5	종합 이해	긴 내용을 듣고, 두 개 이상의 정보를 비교· 통합하는 문제	4

문제 유형별 집중 연습

문제1 유형은 구체적인 과제해결에 필요한 대화문(또는 정보)를 듣고, 다음에 해야 할 사항을 찾는 문제로, 총 5문제가 출제된다. 선택지로는 글 외에 그림이나 도표가 제시될 수도 있다. 시험지에 질문사항은 제시되지 않고, 대화가 시작되기 전과 후에 한 번씩 총 2번 들려주므로, 처음에 듣지 못했다 하더라도 당황하지 말고 문제에 임하도록 하자.

그럼, 지금부터 문제1 유형에 대비한 문제를 집중적으로 풀어보자.

問題 1

問題１では、まず質問を聞いてください。それから話を聞いて、問題用紙の１から４の中から、正しい答えを一つ選んでください。

１番

1

2

3

4

2 番<ruby>番<rt>ばん</rt></ruby>

1　20,000円
2　25,000円
3　28,000円
4　30,000円

3 番<ruby>番<rt>ばん</rt></ruby>

1 
バイオリン
15,000円
初めての人用

2 
バイオリン
20,000円
初めての人〜中級者用

3 
バイオリン
60,000円
上級者用

4 
エレキバイオリン
35,000円
夜に練習したい人用

1

53回　夏祭りのお知らせ

2

53回　夏祭りのお知らせ

3

53回
夏祭りのお知らせ

4

53回
夏祭りのお知らせ

1

髭 Ⅰ

2

髭 Ⅱ

3

髭 Ⅲ

4

髭 Ⅳ

1 

2 

3 

4 

7 番

1 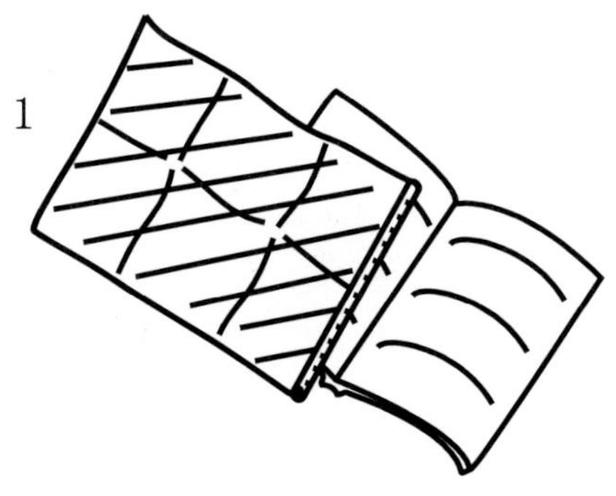

2 

3 

4 

8 番

1 花に水をやること
2 犬の散歩をすること
3 日記を書くこと
4 英語のテープを聞くこと

9 番

1 ふきん
2 ふろしき
3 ぞうきん
4 てぬぐい

10 番

1 英語幼稚園
2 絵画幼稚園
3 音楽幼稚園
4 体操幼稚園

11 番

1 月が前より光っているから
2 天の川がはっきり見えるから
3 寒くても山に来たから
4 町の光がないから

1 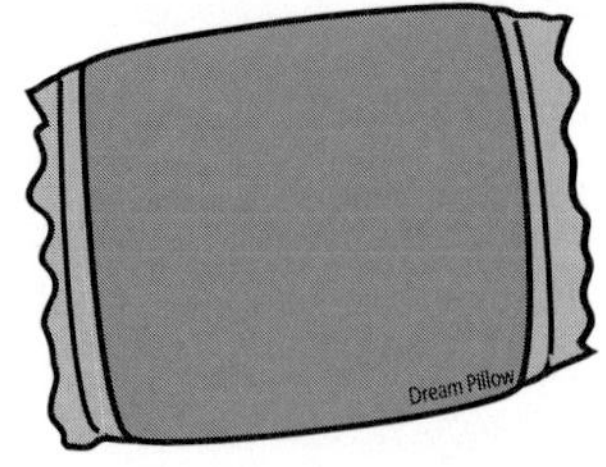

2 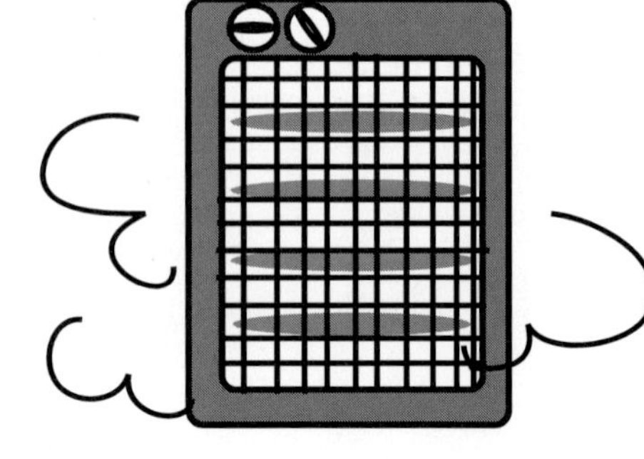

3 

4 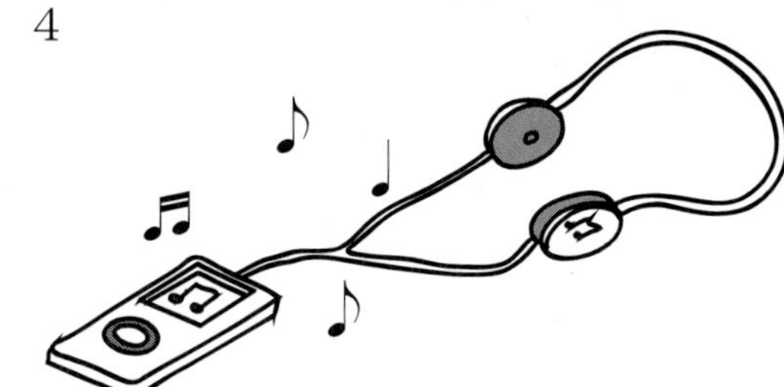

ばん
13 番

1 お姉ちゃんに電話する
2 図書館へ行って勉強する
3 近所のおばさんの家に行く
4 お母さんの職場に鍵を取りに行く

문제2 유형은 대화 혹은 한 사람이 길게 말하는 내용을 듣고, 내용의 포인트를 파악하는 문제로, 6문제 출제된다. 문제1 유형과 마찬가지로 질문사항은 제시되지 않는다. 먼저 질문사항을 듣고, 시험지에 제시된 선택지를 읽는다.(선택지를 읽는 시간이 주어진다.) 그 다음 내용을 듣고 문제에 답을 하면 된다. 문제 2 유형에서도 질문사항은 대화문의 전후에 한 번씩 총 2번 들려준다.

問題 2

問題 2 では、まず質問を聞いてください。そのあと、問題用紙の選択肢を読んでください。読む時間があります。それから話を聞いて、問題用紙の 1 から 4 の中から正しい答えを一つ選んでください。

1 番

1 今日が女の子の誕生日だから
2 女の子が他の友達の誕生日プレゼントとして用意したから
3 ある人に告白されたから
4 女の子の誕生日当日に会えない友達がくれたから

2番

1 寝坊したから
2 乗り越したから
3 忘れ物を取りに行っていたから
4 迷子の子に付き合っていたから

3番

1 目が悪くて読めないから
2 誰かと一緒に手紙を読みたくておばさんを待っているから
3 忙しいから
4 孫へ送る珍しい切手が見つからないから

4番

1 好きではないから
2 眠れなくなってしまうから
3 健康のために飲まないようにしているから
4 アレルギーがあるから

5 番

1 目覚ましが鳴らず起きられなかったから
2 遅刻するくらいなら休んだほうがいいと思ったから
3 事故に巻き込まれたから
4 風邪を引いてしまったから

6 番

1 美味しくなかったから
2 好き嫌いが激しいから
3 食事の前にお菓子を食べすぎたから
4 歯の調子が悪いから

7 番

1 ゲームに負けたから
2 帽子を高い値段で買ったから
3 友達と宿題の勝負に負けたから
4 ケーキを友達に食べられたから

8 番

1　ダンス自体に飽きたから
2　稽古がつまらないから
3　腐った食べ物を食べてお腹が痛くなったから
4　先生が変わったから

9 番

1　父に無理してほしくなかったから
2　父に感謝の気持ちを伝えたかったから
3　父に不満を感じていたから
4　父を恨んでいたから

10 番

1　ゲームをしていたから
2　隣の家の人がうるさかったから
3　寝る前に食べすぎたから
4　授業中寝すぎたから

11 番

1 性別が違うから

2 歳が違うから

3 仕事の内容が違うから

4 働いてきた期間が違うから

12 番

1 晩御飯の時間を変更してほしい

2 連絡することがあればすぐ伝えてほしい

3 新しくキッチンを作ってほしい

4 荷物を預かってほしい

13 番

1 息子が甘いものが好きだから

2 息子がいつも何も聞かずに冷蔵庫の物を食べるから

3 息子が自分に似ているから

4 息子が冷蔵庫の方にいたから

14 番

1 店を出そうと考えているから
2 結婚したいと思っているから
3 テレビで美味しそうな魚料理が紹介されていたから
4 料理が上手なことを自慢したかったから

15 番

1 出勤時間だから
2 工事しているから
3 道を知らないから
4 客が案内するから

문제3 유형은 내용의 전체를 듣고 화자의 의도 및 주장 등을 파악하는 문제로 총 5문제 출제된다. 문제3 유형의 시험지에는 아무것도 인쇄가 되어 있지 않아 질문과 내용 그리고 선택지까지 모두 듣고 정답을 찾아내야 한다. 문제를 잘 듣고 메모한 후, 답을 찾는데 필요한 부분과 선택지까지 모두 정확하게 메모할 수 있도록 해야겠다.

問題 3

問題 3 では、問題用紙に何も印刷されていません。まず話を聞いてください。それから質問と選択肢を聞いて、１から４の中から、正しい答えを一つ選んでください。

ー メモ ー

문제4 유형은 짧은 대화문을 듣고 정답을 찾아내는 문제로 총 12문제 출제된다. 별도의 질문사항이 주어지는 문제가 아니라, 한 사람의 말에 주어지는 3개의 대답에서 가장 자연스러운 대답을 찾는 문제다. 짧은 내용을 듣고 연속으로 12문제를 풀어야 하는 문제인 만큼, 한 문제에 너무 많은 시간을 할애하면 다음 문제들을 푸는데 지장을 줄 수 있기 때문에 직감적으로 문제를 풀고 다음 문제로 넘어가야 하겠다.

문제4 유형 역시 시험지에는 아무것도 인쇄되어 있지 않으므로 메모에 힘을 쏟아야 하겠다.

問題 4

問題４では、問題用紙に何も印刷されていません。まず、文を聞いてください。それから、それに対する返事を聞いて、１から３の中から、正しい答えを一つ選んでください。

－ メモ －

もんだい
問題 5

問題 5 では、長めの話を聞きます。この問題には練習はありません。

1 番

問題用紙に何も印刷されていません。まず、話を聞いてください。それから、質問と選択肢を聞いて、1 から 4 の中から、正しい答えを一つ選んでください。

－ メモ －

2 番

問題用紙に何も印刷されていません。まず、話を聞いてください。それから、質問と選択肢を聞いて、1から4の中から、正しい答えを一つ選んでください。

- メモ -

3 番

問題用紙に何も印刷されていません。まず、話を聞いてください。それから、質問と選択肢を聞いて、1から4の中から、正しい答えを一つ選んでください。

- メモ -

4 番

問題用紙に何も印刷されていません。まず、話を聞いてください。それから、質問
と選択肢を聞いて、1から4の中から、正しい答えを一つ選んでください。

－ メモ －

5 番

問題用紙に何も印刷されていません。まず、話を聞いてください。それから、質問
と選択肢を聞いて、1から4の中から、正しい答えを一つ選んでください。

－ メモ －

6 番

まず、話を聞いてください。それから、二つの質問を聞いて、それぞれ問題用紙の
1から4の中から、正しい答えを一つ選んでください。

質問 1

1 商品の価格と商品の印象が釣り合わないから
2 適切なサイズがないから
3 高い商品だから
4 母親が違うプレゼントを希望したから

質問 2

1 洋服
2 映画のチケット
3 食事のチケット
4 旅行券

7 番

まず、話を聞いてください。それから、二つの質問を聞いて、それぞれ問題用紙の
1から4の中から、正しい答えを一つ選んでください。

質問 1

1 小学校
2 中学校
3 高校
4 大学

質問 2

1 トランプをする
2 黒板を消す
3 家に帰る
4 友達と話す

8 番

まず、話を聞いてください。それから、二つの質問を聞いて、それぞれ問題用紙の
1から4の中から、正しい答えを一つ選んでください。

質問 1

1　一緒に田舎に帰るため
2　休みの予定を聞くため
3　一緒の日に休みをとるため
4　旅行に誘うため

質問 2

1　3泊4日
2　2泊3日
3　1泊2日
4　日帰り

9 番

まず、話を聞いてください。それから、二つの質問を聞いて、それぞれ問題用紙の
1から4の中から、正しい答えを一つ選んでください。

質問 1

　1　運動会に出る
　2　注射を打ってもらう
　3　薬を飲む
　4　お母さんに怒られる

質問 2

　1　薬を飲むこと
　2　注射を打つこと
　3　運動会に出られないこと
　4　病院に来ること

10 番

まず、話を聞いてください。それから、二つの質問を聞いて、それぞれ問題用紙の
1から4の中から、正しい答えを一つ選んでください。

質問 1

1　風呂を沸かす
2　ネクタイを付ける
3　服を着替える
4　洗濯物を入れる

質問 2

1　食事をすること
2　洗濯物を入れること
3　お風呂に入ること
4　着替えること

11 番

まず、話を聞いてください。それから、二つの質問を聞いて、それぞれ問題用紙の
1から4の中から、正しい答えを一つ選んでください。

質問 1

1 人の赤ちゃん
2 猫
3 金魚
4 犬

質問 2

1 道で拾ったから
2 先輩の引っ越し先で飼えないから
3 可愛いから
4 散歩に行かなくてもいいから

실전 대비 모의고사

제 1 회

聴解

問題 1 では、まず質問を聞いてください。それから話を聞いて、問題用紙の 1 から 4 の中から、正しい答えを一つ選んでください。

1 番

1 初診カードを記入する
2 体温計で熱を計る
3 初診カードを受け取る
4 初診カードを持っていく

2 番

1 本を返していない学生のリストを作る
2 掲示板にリストを貼り出す
3 学生を連れて図書館に行く
4 学生に電話をかける

3 番

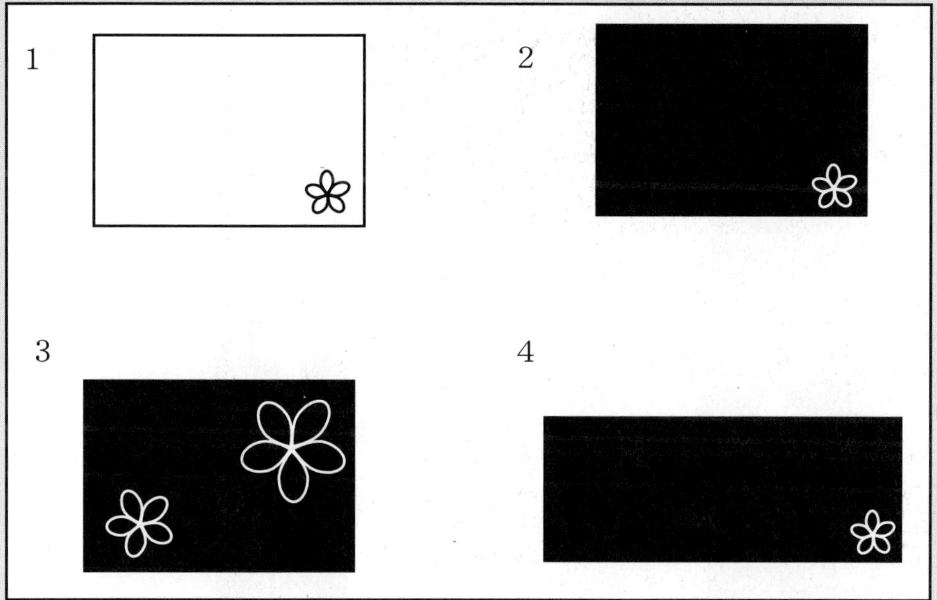

4 番

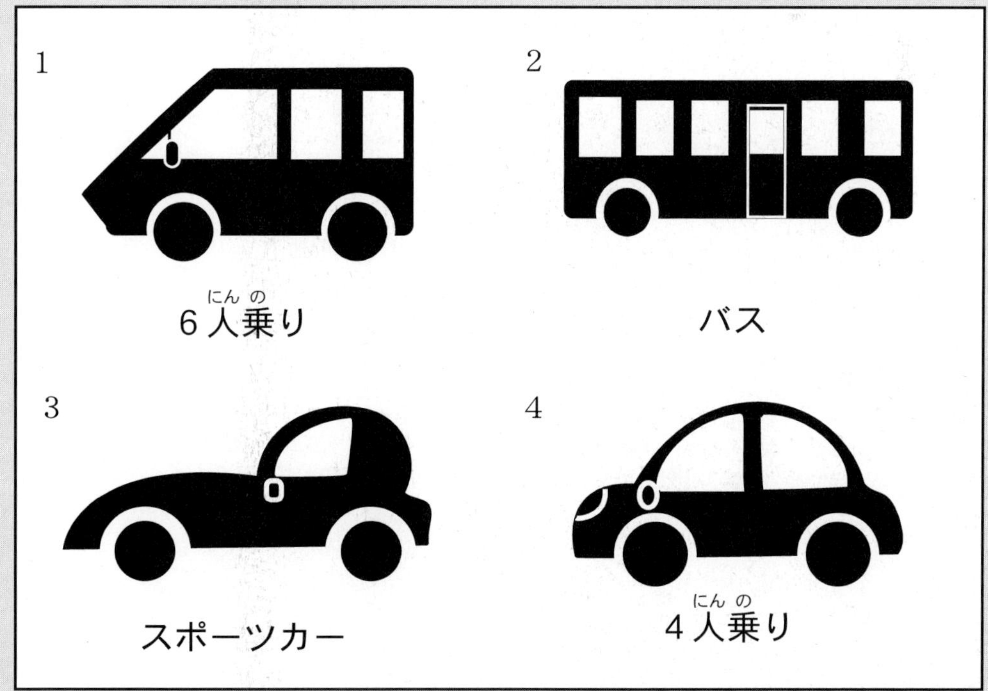

1
AKIKO☆CLUB
4
2
AKIKO☆CLUB
4
3
AKIKO☆CLUB
4
4
AKIKO☆CLUB
4

問題 2

問題 2 では、まず質問を聞いてください。そのあと、問題用紙の選択肢を読んでください。読む時間があります。それから話を聞いて、問題用紙の 1 から 4 の中から正しい答えを一つ選んでください。

1 番

1 顔に何かついているから
2 髪が変だから
3 冬服を着ているから
4 服が汚れているから

2 番

1 先生が受け取らなかったから
2 提出期限を間違えていたから
3 体の調子が悪かったから
4 授業に出ていなかったから

3 番

 1 会社に入ってもしたいことがないから
 2 友達がみんな就職が決まっていないから
 3 就職するのが難しい時代だから
 4 他の会社を受けるから

4 番

 1 寝坊したから
 2 電車を乗り間違えたから
 3 早起きしたから
 4 知らない駅だったから

5 番

1 メモ用紙がなかったから
2 忘れたり、失くしたりしないから
3 お客さんが来た時、恥ずかしいから
4 パソコンが目に入らないから

6 番

1 テレビで見て美味しそうだったから
2 いつも豚肉だから
3 鶏肉が売ってなかったから
4 隣の家からもらったから

問題 3 では、問題用紙に何も印刷されていません。まず話を聞いてください。
それから質問と選択肢を聞いて、 1 から 4 の中から正しい答えを一つ選んで
ください。

－　メモ　－

問題 4

問題4では、問題用紙に何も印刷されていません。まず、文を聞いてください。それから、それに対する返事を聞いて、1から3の中から、正しい答えを一つ選んでください。

－ メモ －

問題 5

問題5では長めの話を聞きます。この問題には練習はありません。

1番

問題用紙に何も印刷されていません。まず話を聞いてください。それから、質問と選択肢を聞いて、1から4の中から、正しい答えを一つ選んでください。

－　メモ　－

2番

問題用紙に何も印刷されていません。まず話を聞いてください。それから、質問と選択肢を聞いて、1から4の中から、正しい答えを一つ選んでください。

－　メモ　－

3 番

まず、話を聞いてください。それから、二つの質問を聞いて、それぞれ問題用紙の
1 から 4 の中から、正しい答えを一つ選んでください。

質問 1

1 トイレの数が多かったから
2 途中にペットショップがあったから
3 犬を飼ってほしいから
4 日曜日だから

質問 2

1 トイレ
2 デパート
3 ペットショップ
4 動物病院

실전 대비 모의고사

제 2 회

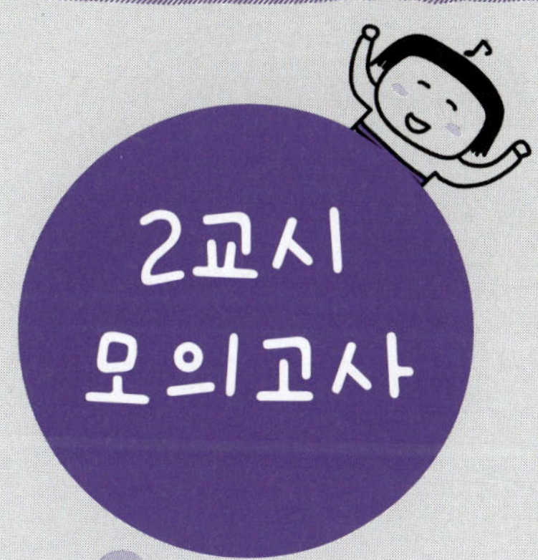

聴解

問題 1

問題 1 では、まず<ruby>質問<rt>しつもん</rt></ruby>を<ruby>聞<rt>き</rt></ruby>いてください。それから<ruby>話<rt>はなし</rt></ruby>を<ruby>聞<rt>き</rt></ruby>いて、<ruby>問題用紙<rt>もんだいようし</rt></ruby>の1から 4の<ruby>中<rt>なか</rt></ruby>から、<ruby>正<rt>ただ</rt></ruby>しい<ruby>答<rt>こた</rt></ruby>えを<ruby>一<rt>ひと</rt></ruby>つ<ruby>選<rt>えら</rt></ruby>んでください。

1<ruby>番<rt>ばん</rt></ruby>

1 サラダ、パスタ

2 サラダ、パスタ、ドリンク

3 サラダ、パスタ、デザート、ドリンク

4 サラダ、パスタ、デザート

2<ruby>番<rt>ばん</rt></ruby>

1 アメリカ

2 ヨーロッパ

3 <ruby>旅行<rt>りょこう</rt></ruby>は<ruby>行<rt>い</rt></ruby>かない

4 タイ

3 <ruby>番<rt>ばん</rt></ruby>

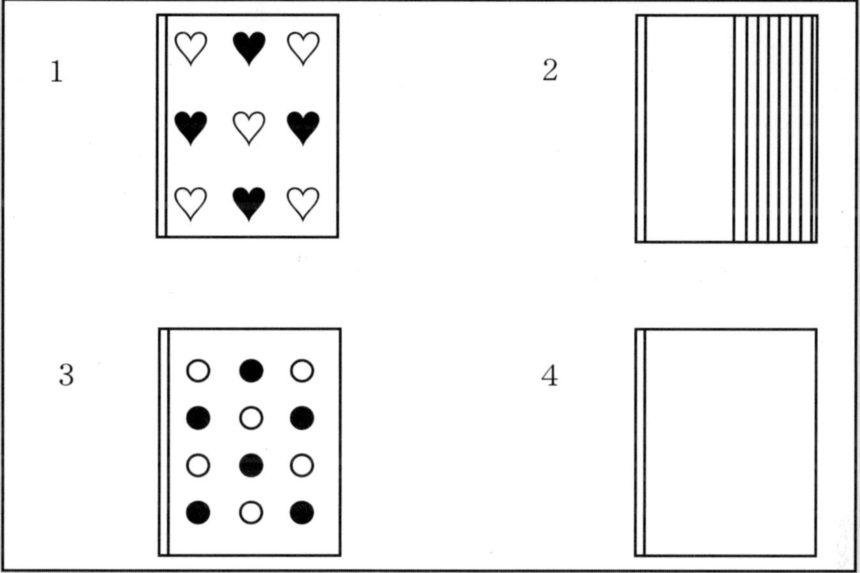

4 <ruby>番<rt>ばん</rt></ruby>

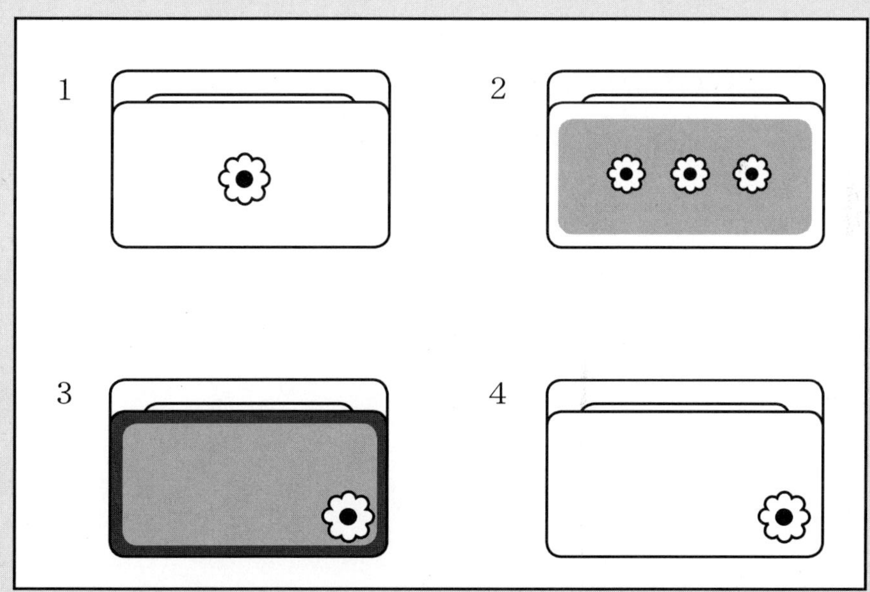

5 番

1 果物とプリン
2 プリンと漫画
3 プリン
4 プリンと漫画とジュース

もんだい
問題 2

問題2では、まず質問を聞いてください。そのあと、問題用紙の選択肢を読んでください。読む時間があります。それから話を聞いて、問題用紙の1から4の中から正しい答えを一つ選んでください。

1番

1 お酒を飲みすぎたから
2 ストレスが溜まっていたから
3 近所の公園で休憩したから
4 株の話に夢中になってしまったから

2番

1 会社で嫌いな人と同じ機種だったから
2 給料前でお金がないから
3 駅のホームで落として傷がついたから
4 最新の携帯電話を買いたかったから

3番

1 アルバイトだと将来が不安だから
2 友達がみんな就職しているから
3 就職活動しようと思ったから
4 好きな子に告白したが振られたから

4番

1 注文したから揚げ定食が来なかったから
2 味噌汁に髪の毛が入ってたから
3 から揚げが熱くなかったから
4 会議に間に合わないから

5 番

  1 バイトで疲れているから
  2 体調が悪いから
  3 パソコンでドラマを見ているから
  4 単位のことで悩んでいるから

6 番

  1 お隣にレシピをもらうところ
  2 出す前に味を確かめないところ
  3 レシピ通りに作らないところ
  4 少しの量が多いところ

問題 3 では、問題用紙に何も印刷されていません。まず話を聞いてください。
それから質問と選択肢を聞いて、1 から 4 の中から正しい答えを一つ選んで
ください。

－ メモ －

<ruby>問題<rt>もんだい</rt></ruby> 4

<ruby>問題<rt>もんだい</rt></ruby>4では、<ruby>問題用紙<rt>もんだいようし</rt></ruby>に<ruby>何<rt>なに</rt></ruby>も<ruby>印刷<rt>いんさつ</rt></ruby>されていません。まず、<ruby>文<rt>ぶん</rt></ruby>を<ruby>聞<rt>き</rt></ruby>いてください。それから、それに<ruby>対<rt>たい</rt></ruby>する<ruby>返事<rt>へんじ</rt></ruby>を<ruby>聞<rt>き</rt></ruby>いて、1から3の<ruby>中<rt>なか</rt></ruby>から、<ruby>正<rt>ただ</rt></ruby>しい<ruby>答<rt>こた</rt></ruby>えを<ruby>一<rt>ひと</rt></ruby>つ<ruby>選<rt>えら</rt></ruby>んでください。

－ メモ －

問題5

もんだい　なが　はなし　き　　　　　　もんだい　れんしゅう
問題5では長めの話を聞きます。この問題には練習はありません。

ばん
1番

もんだいようし　なに　いんさつ　　　　　　　　　はなし　き　　　　　　　　　　しつもん
問題用紙に何も印刷されていません。まず話を聞いてください。それから、質問と
せんたくし　き　　　　　　　　　なか　　　ただ　こた　　　えら
選択肢を聞いて、1から4の中から、正しい答えを一つ選んでください。

－　メモ　－

ばん
2番

もんだいようし　なに　いんさつ　　　　　　　　　はなし　き　　　　　　　　　　しつもん
問題用紙に何も印刷されていません。まず話を聞いてください。それから、質問と
せんたくし　き　　　　　　　　　なか　　　ただ　こた　　　えら
選択肢を聞いて、1から4の中から、正しい答えを一つ選んでください。

－　メモ　－

3 番

まず、話を聞いてください。それから、二つの質問を聞いて、それぞれ問題用紙の
1から4の中から、正しい答えを一つ選んでください。

質問 1

1 外科
2 内科
3 歯医者
4 駐車場

質問 2

1 昔に比べ治療が痛くないから
2 病院の先生が気になるから
3 圭介が病院まで車で送ってくれるから
4 痛み止めの薬が切れたから

실전 대비 모의고사

제 3 회

聴解

問題 1

問題 1 では、まず質問を聞いてください。それから話を聞いて、問題用紙の 1 から
4 の中から、正しい答えを一つ選んでください。

1 番

1 青のスーツケース
2 赤のスーツケース
3 黒のスーツケース
4 グレーのスーツケース

2 番

1 何も食べない
2 中華料理
3 寿司
4 ピザ

3 番<ruby>ばん</ruby>

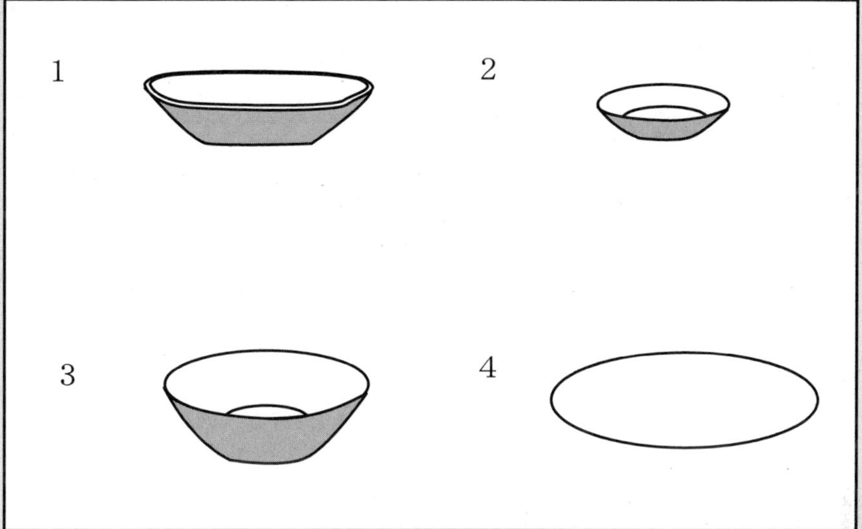

4 番<ruby>ばん</ruby>

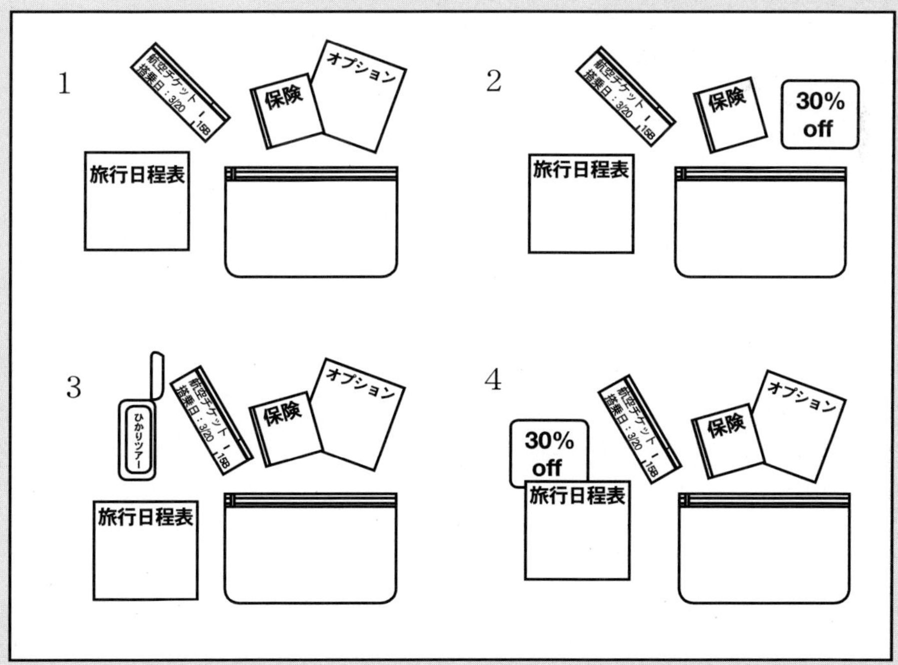

5 <ruby>番<rt>ばん</rt></ruby>

1 ピンクのワンピース

2 スーツ

3 <ruby>着物<rt>きもの</rt></ruby>

4 <ruby>黒<rt>くろ</rt></ruby>のワンピース

問題 2

問題 2 では、まず質問を聞いてください。そのあと、問題用紙の選択肢を読んでください。読む時間があります。それから話を聞いて、問題用紙の 1 から 4 の中から正しい答えを一つ選んでください。

1 番

1 母が自分より先にテストのことを話したから
2 算数の点数がよくなかったから
3 父の昔のテストの点数より悪かったから
4 答える場所を間違って書いてしまったから

2 番

1 頼んだ仕事を早くしようとしないから
2 新入社員の指導ができてないから
3 書類を間違って作ったから
4 書類の文字が小さすぎたから

3番

1 勉強が大変そうだから
2 姉と一緒に通いたくないから
3 姉の高校生活が楽しくなさそうだったから
4 好きな子と一緒に通えるから

4番

1 カメラ機能
2 文字拡大機能
3 音楽機能
4 ラジオ機能

5 番

1 社長が疲れているから
2 水曜日の予定がいっぱいだから
3 上坂社長に予定を変更してもらうから
4 今日しか予定が空いてないから

6 番

1 廊下が冷たいのでダイエットがしやすいから
2 ワンピースが入らなかったから
3 彼氏に言われたことを気にしているから
4 痩せて綺麗になった女優がいるから

問題 3

<ruby>問題<rt>もんだい</rt></ruby> 3 では、<ruby>問題用紙<rt>もんだいようし</rt></ruby>に<ruby>何<rt>なに</rt></ruby>も<ruby>印刷<rt>いんさつ</rt></ruby>されていません。まず<ruby>話<rt>はなし</rt></ruby>を<ruby>聞<rt>き</rt></ruby>いてください。それから<ruby>質問<rt>しつもん</rt></ruby>と<ruby>選択肢<rt>せんたくし</rt></ruby>を<ruby>聞<rt>き</rt></ruby>いて、1 から 4 の<ruby>中<rt>なか</rt></ruby>から<ruby>正<rt>ただ</rt></ruby>しい<ruby>答<rt>こた</rt></ruby>えを<ruby>一<rt>ひと</rt></ruby>つ<ruby>選<rt>えら</rt></ruby>んでください。

－ メモ －

問題 4

問題 4 では、問題用紙に何も印刷されていません。まず、文を聞いてください。
それから、それに対する返事を聞いて、1 から 3 の中から、正しい答えを一つ選んで
ください。

－ メモ －

問題 5

問題 5 では長めの話を聞きます。この問題には練習はありません。

1 番

問題用紙に何も印刷されていません。まず話を聞いてください。それから、質問と選択肢を聞いて、1 から 4 の中から、正しい答えを一つ選んでください。

－ メモ －

2 番

問題用紙に何も印刷されていません。まず話を聞いてください。それから、質問と選択肢を聞いて、1 から 4 の中から、正しい答えを一つ選んでください。

－ メモ －

3 番

まず、話を聞いてください。それから、二つの質問を聞いて、それぞれ問題用紙の
1から4の中から、正しい答えを一つ選んでください。

質問 1

1 雨
2 雪
3 話
4 彼女

質問 2

1 電気コード
2 長机
3 椅子
4 テレビ

스크립트 & 정답

聴解

M：男性、男の子
F：女性、女の子

1. 기본 연습

(1) 발음

가. 비슷한 발음　　　　　→ 문제 p.10

1. とり(鳥)
2. もも(桃)
3. そしつ(素質)
4. かいたい(買いたい)
5. ほそい(細い)
6. うえき(植木)
7. うけつけ(受付)
8. ろくおん(録音)
9. せいど(制度)
10. ひじょう(非常)
11. さきおととい
12. こんだて(献立)
13. えんき(延期)
14. しんよう(信用)
15. へこむ(凹む)
16. くつう(苦痛)
17. けんしゅう(研修)
18. こっそり
19. ほうふ(豊富)
20. らいにち(来日)

나. 탁음과 반탁음　　　　　→ 문제 p.11

1. えいぎょう(営業)
2. じんるい(人類)
3. よごす(汚す)
4. ようし(用紙)
5. メンバー
6. めいしん(迷信)
7. ボールペン
8. プラス
9. トランプ
10. ひとどおり(人通り)
11. にじ(虹)
12. ちょくぜん(直前)
13. ふごう(符号)
14. とくばい(特売)
15. ダブる
16. はんざい(犯罪)
17. でんぽう(電報)
18. プリント
19. たがい(互い)
20. どうよう(童謡)

다. 촉음과 장음　　　　　→ 문제 p.11

1. エチケット
2. こうよう(紅葉)
3. こきょう(故郷)
4. うったえる(訴える)
5. ロッカー
6. ネックレス
7. ストッキング
8. ほほ(頬)
9. ぐっすり
10. しょうぼうしょ(消防署)
11. ようぶん(養分)
12. いっち(一致)
13. どろ(泥)
14. ずうずうしい(図々しい)
15. リットル
16. にっこり
17. フォーク
18. ゆっくり
19. サービス
20. ラッシュアワー

라. 발음과 기타　　　　　→ 문제 p.12

1. へいきん(平均)
2. けっかん(欠陥)
3. ほんらい(本来)
4. あんい(安易)
5. しじん(詩人)
6. いちば(市場)
7. ちょきん(貯金)
8. まんがいち(万が一)
9. ひょうじゅん(標準)
10. じんぶんかがく(人文科学)
11. ようじ(用事)
12. はんだん(判断)
13. テンポ
14. めいしん(迷信)
15. そうおん(騒音)
16. ちょうか(超過)
17. スタート
18. しゅうにん(就任)
19. たんこう(炭鉱)
20. ぼっちゃん(坊ちゃん)

→ 문제 p.15-16

🎧 15-16

(例) M：このネクタイどう？
　　 F：いいんじゃない？

---

1. F：禁煙、まだ続けてるの？
　 M：うん…、昨日まではね。

2. M：あいつ生意気だと思わない？
　 F：あなたほどじゃないと思うけど。

3. F：何かいいアイデアはないかしら。
　 M：いいアイデアねぇ…。

4. M：いつもの雰囲気と違いすぎて、
　　　一瞬、誰だか分からなかったよ。
　 F：そう言ってくれると思ったわ。

5. F：まだ傷痛む？
　 M：うん…でも、だいぶ良くなったよ。

6. M：すみません、ちょっとインタビュ
　　　ーさせてほしいんですけど。
　 F：今、急いでますので。

7. F：コピー機のインクがなくなっちゃ
　　　った。
　 M：えっ？　こんな時に…。

8. F：由紀がウサギを飼いたいって言っ
　　　てるんだけど。
　 M：まだそんなことを言ってるのか。

9. F：お願いしてた荷物、受け取ってくれ
　　　た？
　 M：はいはい、ご心配なく。

10. F：今日のお昼、うどんにしない？
　　 M：僕も今、同じこと言おうと思って
　　　　たんだ。

11. F：明日会社の宴会だって。
　　 M：社長も好きだな…。

12. M：来月アメリカに旅行しようと思う
　　　　んだけど、一緒にどう？
　　 F：ちょっと待って。来月か…予定が
　　　　ぎっしりだわ。

13. M：最近機嫌いいみたいだけど、いい
　　　　ことでもあった？
　　 F：えっ、何で分かったの？

14. F：私高校時代体操部のキャプテンだ
　　　　ったの。
　　 M：へぇ〜、君がね〜。

15. F：ちょっと休憩しない？
　　 M：あと10分歩いたらね。

16. M：すごい行列だね。どうする？

　　F：またにしよっか。

17. M：女性に口紅をプレゼントすると喜

　　　ばれるかな？

　　F：昔だったら喜ばれたかもね。

18. M：この部分、もうちょっと工夫した

　　　ほうがいいんじゃないか？

　　F：やはりそうですか…。

19. F：事件に何か心当たりがあるの？

　　M：うん…ちょっとね。

20. F：パーティーに行くのにその格好、

　　　ちょっと地味じゃない？

　　M：この服のどこが地味なんだよ。

→ 문제 p.17 🎧 17-01

1. 父親と娘が話しています。娘はなぜ泣いていたのですか。

　M：まゆみ〜ご飯だぞ…まゆみ、どうして泣いているんだ？

　F：なんでもないよ。

　M：なんでもないわけないだろ。この映画に感動して泣いてたのか？

　F：違うわよ。この映画がついてない人の話で、私も最近ついてなかったから思い出してた
　　の。

　M：あ〜ネックレスをなくしたことか？

　F：それもついてなかったけど、昨日は私が大事に取っておいたケーキを順一が食べちゃっ
　　たのよ。本当に最近いいことないわ。

　M：それで泣いてたのか？

　F：腹は立ったけど、そんなことでは泣きません。オレンジと間違えてレモン食べちゃって
　　酸っぱくて涙が出てきただけです。

→ 문제 p.17 🎧 17-02

2. 映画監督と女優が話しています。監督は女優の演技のどこが一番悪いと言っていますか。

　M：ストップ！

F：監督、私の演技どうでしたか？

M：初めてにしてはよくできてたよ。

F：本当ですか！ ありがとうございます。

M：ただ、やっぱり少し表情が硬くなっちゃったり、動作が不自然なシーンがいくつかあったね。

F：そうですね。まだまだたくさん勉強しないとダメですね。台詞も何回か忘れてしまったりもしたので。

M：そうだね。でもそれはこれからゆっくり勉強していけばいいんだけど、君何回か台詞を変えたところがあっただろ？ それは他の俳優さんが困ることもあるから気をつけるように。

F：分かりました。気をつけます。

➜ 문제 p.17 🎧 17-03

3. 男性社員と女性社員が話しています。女性社員は両親とどこに行くことにしましたか。

F：先輩って日本に何年か住んでましたよね。

M：うん、仕事の関係で4年ほどね。でも何で？

F：両親が一度日本に行ってみたいと言うので、一緒に旅行に行こうかと考えているんですけど、いい名所があったら教えていただこうと思って。

M：そうだな〜。僕が一番感動したのはやっぱり富士山かな。富士山から見る景色は最高だったよ。

F：そうですか…。でも、私の両親は若くないので高い山に登るのは大変かもしれません。

M：じゃあ、東京タワーはどう？ ここも名所として有名だけど。

F：父が高いところが苦手で…。私は行ってみたいんですけど。あの〜、昔の建物で有名な場所ってありますか。

M：そうだな。京都の金閣寺とか、大阪の大阪城は有名で旅行客も多いと思うよ。

F：あ〜、私も聞いたことがあります。父も母も城よりは寺が好きなので金閣寺に行ったら喜びそうですね。先輩、ありがとうございました。

➜ 문제 p.17 🎧 17-04

4. おばあさんと男の人が話しています。おばあさんはなぜ道に迷ってしまったのですか。

M：どうかしましたか？

F：ええ、ちょっと道に迷ってしまって…。

M：どこに行かれるおつもりですか？

F：山上駅です。

M：僕も山上駅に行くところなので一緒に行きましょう。お一人で来られたんですか？

F：ええ、一緒に来ようと言ってた人がいたんですが、その人が風邪で来られなくなってしまったんです。

M：それで迷われたのかもしれませんね。

F：いいえ、私は昔から一人で行動するのが好きでしてね。それに方向感覚がある方なので道に迷ったことはありませんでしたよ。

M：そうですか。ではこの近くに初めて来られたんですか？

F：いいえ、昔この近所に住んでたことがあるんですが、雰囲気が全く変わってしまって急に分からなくなってしまったんです。

➜ 문제 p.17 🎧 17-05

5. 牧場のおじさんに女子学生がインタビューしています。おじさんは牧場の仕事で一番大変なことは何だと言っていますか。

F：これから牧場で働いている松田さんにインタビューを始めたいと思います。よろしくお願いします。

M：よろしくお願いします。

F：牧場の仕事というのは主にどんな仕事なんですか？

M：主に牛の世話です。

F：牛の世話とは具体的にどういうことですか？

M：牛の小屋や糞の掃除をしたり、えさをあげたり、牛を洗ってあげたりすることです。

F：この仕事をしていて一番大変だなと思ったことは何ですか。

M：そうですね。牛を洗うのが大変ですね。たくさんいるので時間がかかるし、足や腕が痛くなってしまうので。でも小屋の掃除も大変です。小屋はとても広いのに、掃除する人が2人しかいないから疲れます。やっぱり一番と言われると小屋の掃除ですかね。

→ 문제 p.18 🎧 18-01 ....

1. 男の人と女の人が話しています。女の人はいつもどの方角に頭を向けて寝ていますか。

M：おじゃましま〜す。

F：どうぞ、まだ引っ越してきたばかりで散らかってるけど。

M：僕の家より全然きれいだよ。新しい家ってやっぱりいいよなぁ。

F：そう？ ゆっくりしてってって。

M：山本さんの家って南向きなんだね。いいなぁ。陽も当たって明るいし。僕ん家は北向き
だから、陽が全く当たらなくていつも暗いんだ。洗濯物もなかなか乾かないし…。

F：それはちょっと辛いわね。

M：山本さんってこっち頭にして寝てるの？ 朝太陽の光まぶしくない？

F：だから、わざとそうしてるのよ。まぶしくて目が覚めちゃうでしょ？ こっちを頭にし
て寝てから遅刻することがなくなったのよ。

→ 문제 p.18 🎧 18-02 ....

2. 男性社員と女性社員が話しています。二人の前には何人のお客さんが並んでいますか。

F：うわっ！ すごいお客さんね。

M：今ちょうどお昼の時間だからな。どうする？

F：でも、ここのランチおいしいんだよ。これぐらいなら待てそうじゃない？

M：僕は構わないよ。じゃあ、待とうか。

F：私たちは6番目だから…。30分ぐらい待ったら入れそうね。

M：うん。前の人みんな一人で来てる人ばっかりだから、食べてすぐ出るだろうしね。

➜ 문제 p.18 🎧 18-03

3. 母と娘が話しています。母親の顔が乾燥した原因は何ですか。

F1: お母さん、さっきから何でずっと鏡見てるの？

F2: う～ん。今日朝からずっと顔が乾燥してて痛くてね。

F1: 年には勝てないね～。

F2: うるさいわよ。そんなんじゃありません。

F1: 昨日顔を洗わずに寝たんじゃないの？

F2: あなたと一緒にしないでちょうだい！ お母さんは毎日顔洗ってるわよ。

F1: お母さんエアコン嫌いだからエアコンがついてる部屋にも入りそうにもないし。

F2: うん。化粧水もこまめにつけてるんだけど…。

F1: その化粧水、肌に合ってるの？ 合ってなかったら余計に乾燥することもあるって
聞いたことあるけど。

F2: 考えてみたらつけてもすぐ乾いてる気がするわね。それが原因かも。化粧水変えて
みようかしら。

➜ 문제 p.18 🎧 18-04

4. 男性と女性が話しています。現在の時刻は何時ですか。

M: あけましておめでとう。

F: うん、おめでとう。こんな早くにどうしたの？

M: うん、初日の出を一緒に見に行こうと思って。

F: 初日の出？ いいね～。私今まで一度も見たことがないの。

M: そう言うと思って車も用意してきたんだ。

F: 嬉しい～、でも日の出って何時なの？

M: 今日は6時13分なんだって。まだ10分残ってるからちょうどいい時間に着くと思う
よ。

F: そうなんだ。じゃあ、速く行きましょ。

5. 犯罪評論家がテレビで話しています。泥棒の隠れ場所としてあてはまるものはどれですか。

M：前回、犯罪の状況をお話ししました。今回は泥棒が好む家、すなわち侵入しやすい家についてお話ししたいと思います。まずは、マンションではない一戸建ての家ですが、大きな植物が庭に植えられている家、または庭の塀などが高い家は泥棒の隠れ場所となる可能性が高くなるので、泥棒が侵入しやすい家と言えるでしょう。なるべく外から家の様子がよく見えるように背の高い植物や高い塀は植えたり作ったりしないようにしてください。次にマンションは1階や2階は簡単に侵入ができるので、狙われやすいと言えるでしょう。また、最近マンションにはオートロックがついているところが多いですが、これを信じすぎないようにしてください。オートロックはそのマンションの住人と一緒に入れば、簡単に侵入できるからです。では、そういう家に住んでいらっしゃる方は具体的にどういう防犯対策が必要なんでしょうか。これは次回、お話ししたいと思います。

(6) 들은 정보를 다른 말로 바꾼다

1. 先生が礼儀作法の授業で話しています。この先生は礼儀作法の基本となるものは何だと言っていますか。

F：みなさんは自分なりの挨拶の方法がありますか？ また、挨拶ということをどう考えていますか？ みなさんの中には時間がもったいないので、合理的に歩きながら挨拶する人もいるかもしれませんが、実は複数の動作を一度に行うことは正しい礼儀作法ではありません。礼儀作法の基本は相手に対する「敬意」です。きちんと立ち止まり、挨拶の言葉を述べてから、丁寧にお辞儀をすることができれば、あなたの相手を大切に思う心がはっきりと分かるでしょう。立ち止まることで無駄にする時間はほんの数秒に過ぎません。しかし、この数秒で得られる信頼は非常に大きなものとなるはずです。

➜ 문제 p.19 🎧 19-02

2. 母と娘が話しています。この娘はなぜ母にエプロンをプレゼントしましたか。

F1：お母さん、はいこれ。

F2：何？ エプロンじゃない。どうしたの？

F1：プレゼントよ。お母さん今のエプロン10年以上使ってるじゃない。それで買ったの。

F2：そうだったの。ありがとう。

F1：このエプロンただのエプロンじゃないのよ。普通のエプロンより軽くて汗を吸ってくれる機能があるのよ。

F2：そうなの？ いいのに、普通のエプロンで。

F1：うん、実を言うと近所の百貨店がバーゲンしてたから安く買おうと思ったんだけど。これはバーゲンの対象じゃなかったの。でも気に入っちゃったから買っちゃった。

F2：ありがとね。大事に使わせてもらうわ。

➜ 문제 p.19 🎧 19-03

3. 夫婦が話しています。妻はなぜ玉子焼きを作れなかったと言っていますか。

M：ご飯はできたか？

F：今、ちょうどできたよ。

M：今日もおいしそうだね～。うん？ 今日はおかずがいつもより少ないんじゃないか？ 僕の好きな玉子焼きは？ 家に卵はあったはずだけど。

F：その卵、私が朝出勤する前に食べちゃったの。今日仕事が長引いちゃって私もあなたが帰ってくる30分前に帰ってきたの。スーパーにも行ったんだけど、卵が売り切れで…ごめんね。

M：そうだったのか…。君も大変だったんだね。大丈夫だよ。食べよう。

➜ 문제 p.19 🎧 19-04

4. 環境学部の教授が授業で話しています。この教授のエコクッキングの説明として正しいものはどれですか。

M：今の地球環境はどんどん悪くなってきています。そこで私は簡単なことから一人一人が地球環境を守るべきだと思います。今日はその地球環境を考えて料理をするエコクッキングについて話したいと思います。エコクッキングとは食べ物やエネルギーを大切にし、水を汚さないように工夫したり、ゴミを減らしたりして、料理することです。また、無駄を少なくするエコクッキングは経済的にもやさしい料理法です。買い物をするときには食べられる量だけを買うようにして、ビニール袋などはできるだけもらわないようにしましょう。また、野菜は皮や葉まで材料に使い、同じ野菜でも使うエネルギーが少ないものを選びましょう。そして食器や鍋などを洗うときには、油などを先に拭いておきましょう。なぜかというと油をそのまま捨ててしまうと水を汚してしまうことになるからです。また鍋を使って料理をするとき、鍋の底から火がはみ出さないようにすると、使うガスの量を減らせます。

→ 문제 p.19 🎧 19-05 ....

5. 手品の先生と弟子が話しています。先生は手品が上手くなるにはどうすればいいと言っていますか。

M1: 先生！ 最近どれだけ練習しても手品の腕が上がらないような気がするんですけど。

M2: それはみんなある程度手品の要領を覚えるとぶつかる壁なんだ。手品は見せ方が少し変わっただけでいい風に変わることもあるんだよ。

M1: どういう風にすればいいんですか？

M2: うん。それはその手品の見せたいところを見つけることだね。例えばその手品を不思議に見せたいなら、どういった理由でその手品が不思議に見えるのかを分析してみるといいよ。そしてその現象が起こる可能性がどれだけ低いかを説明するいい台詞を見つけるんだ。

M1: なるほど。頑張ってみます。ありがとうございました。

(7) 마지막에 나오는 포인트를 놓치지 않는다

→ 문제 p.20 🎧 20-01 ....

1. スーパーで夫婦が話しています。この夫婦が買い忘れたものは何ですか。

M: さて、計算も終わったし、帰ろうっか。

F: そうね。買い忘れたものはないわよね。あっ、電池！

M：電池は充電器を昨日会社からもらってきたから買う必要はないよ。

F：あ〜、そうだったわね。じゃあ、これで全部だわ。

M：じゃ、行こう。

F：そうね。今家真っ暗だから、子供たちが帰ってくるまでに早く取り替えておかないと。

M：…あっ、僕たちそれ買ってないよ。

F：本当だ。一番重要な物なのに。

1．電卓

3．電池

2．電球

4．電話の線

→ 문제 p.20　🎧 20-02

2．心理学の専門家がテレビで話しています。この専門家は手が武器になるのはいつだと言っていますか。

M：人間誰でも一度はけんかをしたことがあると思います。その場合、みなさんはどのように仲直りをしてきましたか。相手が言いたいことを聞くことが、仲直りへの第一歩です。相手はいらいらして、言いたいことがたくさんあるはずです。ですから、そういう場合は相手が言いたいことをすべて言わせてあげてください。それが「相手の話を聞く」という姿勢です。しかし、苦しいのは相手ではなく、もしかしたら自分かもしれません。相手のいらいらより、自分のいらいらのほうが強いときもあるでしょう。そんなときには返事せずに、ただジッと我慢して聞いていることです。殴ろうとした瞬間から手は武器になり、本物のけんかへと発展します。力による解決は、解決したように見えても、実は解決されていない場合がほとんどだからです。

1．相手を殴ろうとしたとき

2．自分の方がいらいらしてしまったとき

3．相手が自分の言ったことに返事してくれなかったとき

4．力による解決しか残っていないとき

→ 문제 p.20　🎧 20-03

3．女子留学生と男子学生が話しています。この二人の会話に出てこなかった早口言葉はどれですか。

F：日本にも早口言葉ってあるよね。

M：うん、あるよ。

F：私の国では早口言葉は間違えずにうまく言えた人が勝ちっていうゲームとして使われてるんだけど、日本ではどうなの？

M：日本もそれは一緒だよ。でも日本ではそれだけじゃなくて、アナウンサーや俳優みたいに人前で話す職業の人が仕事の前に舌を柔らかくしようと練習するときに使う言葉でもあるよ。

F：へぇ～、そうなんだ。日本で有名な早口言葉教えてよ。

M：いいよ。「生麦生米生卵」でしょ。「庭には鶏が二羽いました」でしょ。これくらいが一番有名かな。

F：私が他の友達から聞いたのは「隣の客はよく柿食う客だ」って早口言葉なんだけど。

M：あ～、それも有名だね。

1．生麦生米生卵
2．庭には鶏が二羽いました
3．赤巻紙青巻紙黄巻紙
4．隣の客はよく柿食う客だ

→ 문제 p.20 🎧 20-04 ⋯⋯⋯⋯⋯⋯⋯⋯⋯⋯⋯⋯⋯⋯⋯⋯⋯⋯⋯⋯⋯⋯⋯⋯⋯⋯⋯⋯⋯⋯⋯⋯⋯⋯⋯

4．翻訳者が演説をしています。この翻訳者は翻訳という仕事についてどう思っていますか。

M：私は翻訳者になって10年目になります。今回の講演のテーマが仕事をしてて大変なことということで、私もいくつか考えてきました。まずは専門知識が求められることでしょう。ある分野の翻訳を依頼されて、仕事を始めると、全体の意味は分かっても日本語で何て言うのか分からない言葉がいくつかあるはずです。その言葉を調べるのに数日かかることもあります。また、翻訳を頼んだ会社から仕事の依頼がきたとき、すぐに答えられるように自分の仕事のペースと抱えている仕事を常に分かっておかなければならないのですが、これもとても大変です。私は個人経営なので自分自身の管理もとても重要になってきます。しかし、だいぶ仕事がくるようになったら、断らなければならないときもでてきます。かといって断り続けると仕事がこなくなってしまうので、もちろん断るときもきちんと次にはつながるように気を遣うようにしています。このように大変な

ことも多いですが、その分喜びを感じられる機会も多いと思います。私はもともと書く
ことや日本語で表現をすることが好きなのでこの翻訳の仕事はとても楽しいです。

1．個人でするととても大変なので、しない方がいい。
2．大変なことばかりで辛い。
3．大変なことと同じくらい喜びも感じることができる。
4．表現することよりも書くことが好きなので楽しい。

→ 문제 p.20 🎧 20-05 ....

5．男性と女性が話しています。二人はコンサートのチケットをどのように買うことに
　しましたか。

M：来月ＡＢＣのコンサートあるんだけど行く？
F：本当に!? 行きたい〜。チケットは？
M：まだ取ってないんだ。
F：早く取らなきゃ！ 私が取ってあげるよ。インターネットで取るのが早いよね。
M：インターネットとかコンビニの機械で申し込むのはやめといた方がいいと思うよ。
F：えっ、何で？
M：僕も前、映画のチケットをインターネットで取ったんだけど、ちゃんと取れてなかった
　んだ。
F：あなたの操作がおかしかったんじゃないの？
M：違うよ。僕が見たときは確実に予約完了って出たのに、取れてなかったんだよ。今回は
　絶対行きたいから、もっと確実な方法でしよう。
F：じゃあ、コンサートの当日の日、直接チケット売り場に行って買う？
M：それも売り切れだったら怖いもんな。
F：そうよね。じゃあ、残りこれしかないわね。
M：うん、じゃあ、今かけてみようか。

1．インターネット　　　　2．コンビニの機械
3．チケット売り場　　　　4．電話

→ 문제 p.21 🎧 21-01

1. 女性と男性が話しています。男性は何をプレゼントしてほしいと言っていますか。

F：来週大野君の誕生日でしょ？ プレゼント買おうと思って大野君が欲しそうなもの考えてみたんだけど、迷っちゃって…、灰皿なんてどう？ タバコたくさん吸うから使うかなと思って。

M：あ〜、タバコはやめることにしたんだ。そろそろ体のことも考えていこうと思って。

F：そうなんだ。いいことじゃない。じゃあ、手帳は？ 大野君記者の仕事してるからよく使うんじゃない？

M：手帳ならこの前、新しいの買っちゃったよ。

F：じゃ、タイプライターなんてどう？ 記事書くとき使うでしょ？ おしゃれな形のもの見つけたの。

M：大きさはどれくらいなの？ 持ち運べそう？

F：ちょっと大きいから持ち運ぶには大変かもしれない。

M：小さい形のものだったら、ありがたかったんだけどな。

F：そっか〜…。大野君一人暮らしだから鍋っていうのも考えてみたんだけど…。鍋料理って男の人でも簡単に作れるじゃない？

M：うん…そうかもしれないけど、僕基本的にご飯は外で食べるから…。

F：分かったわ。もうちょっと考えてみる。

M：よく考えてみたら仕事上2個あっても便利だと思うからこれをくれるとありがたいな。

1. 灰皿
2. 手帳
3. タイプライター
4. 鍋

→ 문제 p.21 🎧 21-02

2. 父と娘が話しています。娘は家庭教師にどの科目を教えてもらうことにしましたか。

M：まゆみ、来月からお前に家庭教師をつけるからな。科目は数学でいいか？ 前の試験で数学の点数が一番悪かっただろ？

F：そうなんだ。でも数学はいいわ。学校で補習授業をしてもらえることになったから。

M：そうなのか。じゃあ、次に点数が悪かったのは化学か。

F：化学は教えてもらわなくても自分で勉強できるよ。前のテストはテスト範囲と違うところを勉強してて点数が悪かっただけで、私化学は得意だから。

M：じゃあ、英語は？

F：英語は今クラスにアメリカから来た子がいるからその子に分からないところを聞けば問題ないわ。

M：その先生が教えられる科目があと物理なんだが、まゆみは物理の点数はいつも悪くないからな。

F：うん。特に教えてもらうことはないと思うけど。

M：やっぱり一番成績が悪い科目を教えてもらいなさい。学校の補習だけで成績が上がると思うか？

F：…そうだね。そうするよ。

1．数学　　　　　　　　　　2．化学
3．英語　　　　　　　　　　4．物理

→ 문제 p.21　🎧 21-03 ．．．．．．．．．．．．．．．．．．．．．．．．．．．．．．．．．

3．母と娘が話しています。娘はどこの掃除をすることにしましたか。

F1：もうすぐ正月だから大掃除しないとね。あんたはトイレ掃除、お願いね。

F2：え〜、嫌だ！

F1：何でよ。

F2：だって、トイレは磨いても磨いてもきれいにならないんだもん。他の場所にしてよ。

F1：じゃあ、玄関お願い。玄関はそんなに大変じゃないでしょ。

F2：どこが大変じゃないのよ。うちの家族、どれだけ多いと思ってるの？ 靴を整理するだけで一日かかるわよ。

F1：うるさいわね。じゃあ、一体どこをするって言うの！ 書斎？ 台所？

F2：書斎はお父さんの会社の書類がいっぱいあるから整理するの面倒だし、台所掃除は冷蔵庫の整理も一緒にしないとダメだからな…。

F1：早く決めなさい。

F2：分かった。私冷蔵庫の整理するわ。

1．トイレ　　　　　　　　　2．玄関
3．書斎　　　　　　　　　　4．台所

4. 男性と女性が話しています。二人はデートをどのように過ごすことにしましたか。

M：明日のデート、どこに行こうか。いろいろ調べてみたんだけど、最近白雪山の近くにダムができたんだって。見学に行ってみない？ 僕ちょっと興味があって。

F：久しぶりのデートなのに何でダムに行かなきゃならないのよ。嫌よ。

M：じゃあ、登山も嫌ってことだよね。

F：うん。私そんな元気ないし。

M：じゃあ、ドライブにでも行こうか。

F：うん。…でも、さっき天気予報で雨って言ってたから、ドライブしてもあまりおもしろくないかもね。

M：う〜ん…じゃあ、芝居でも見に行く？ 友達がオッズと5匹のコブタって芝居がおもしろいって言ってたんだけど。

F：それ、友達と先週見に行ってきちゃった…。確かにおもしろかったけど。

M：…そう。じゃあ、どうしよっか。

F：あなたが始め言ってたもの、見に行きましょ。あなたが興味があるって言ってたから私も興味が出てきちゃった。

1．ダムを見学する。　　　　2．登山する。
3．ドライブする。　　　　　4．芝居を見に行く。

5. 母と息子が話しています。母は夕飯に何のどんぶりを作ることにしましたか。

F：さっき山本さんに卵いっぱいもらったから、今日の夕飯、久しぶりにどんぶり作ろうと思ってるんだけど、何どんぶりがいい？

M：親子丼！

F：やっぱりそうよね。たかし鶏肉好きだもんね。お母さんも親子丼作ってあげようと思ってさっきスーパーに行ったんだけど、鶏肉が売り切れだったのよ。

M：そっか…。じゃあ、牛丼！

F：牛肉はお父さんが食べられないでしょ。

M：あっ、そうだった。じゃあ、カツ丼。

F：今、お母さんダイエット中だから、夜に揚げたものは食べないようにしてるの。

M：そうなんだ…。じゃあ、玉子丼にして。

F：…。玉子丼っていうのも栄養がそんなにないしな…。分かった。お母さんダイエットは
今日は休むからこれ作るわ。

1．親子丼   2．牛丼

3．カツ丼   4．玉子丼

→ 문제 p.22 🎧 22-01

1．評論家がテレビで話しています。この評論家が話していない内容はどれですか。

M：みなさんは、「同じ量のお酒を飲んだ場合、体重が軽い人のほうが酔いやすい」という話
を聞いたことがありますか。今日はその理由についてお話ししたいと思います。体重
が軽い人ほど体の血液量も少なくなり、血中アルコール濃度が高くなります。一般的に
は女性のほうが男性より、体重が軽いですから、女性のほうが酔いやすいことになりま
す。これから考えると、同じ体重の男性と女性の場合は酔いやすさは一緒だと考えると
思います。しかし、実はアルコールは骨や肉にはあまりいかない性質をもっています。
そう考えるとお酒の強さ、つまりアルコールを分解する力に関しては、肉はあまり役に
立たないことになります。ということは、女性のほうが男性より肉が多いので、分解さ
れる場所が少ないことになり、同じ体重であっても男性より女性のほうが酔いやすいこ
とになります。

1．性別間の酔いやすさの違い
2．女性の方が体重が軽い理由
3．体重と酒の強さの関係
4．体重が同じ男女の酔いやすさの違い

→ 문제 p.22 🎧 22-02

2．女子学生が発表をしています。この学生の発表内容と合っているものはどれですか。

F：私はオレンジの香りの驚く効果について発表したいと思います。ある研究で、犯罪を繰
り返し行っていた人間がオレンジの香りを嗅ぐことで攻撃性が低くなるという結果が

出たそうです。ある警察で、犯罪者のいる部屋のドアからオレンジの香りを流す研究を4週間行いました。その結果、乱暴な犯罪者の多くが前よりおとなしくなったそうです。ある警察官は「驚いたことに、部屋での喧嘩も目に見えて少なくなり、気持ちを安定させる薬の使用も10％減った」と話しています。

1．オレンジの香りを嗅ぐと安心できなくなる。

2．オレンジの香りを嗅ぐと暴力的でなくなる。

3．オレンジの香りを嗅ぐと気持ちが落ち着かなくなる。

4．オレンジの香りを嗅ぐとおとなしくいられなくなる。

→ 문제 p.22 🎧 22-03

3．男子学生が授業中に発表しています。この学生は、何について話していますか。

M：これから発表を始めたいと思います。今のような英語が回りに溢れている時代に、英語学習にたくさんのお金をかけるのはもったいないと私は思います。そこで私は、外で英語の勉強をする前に、お金を使わずに家で勉強できないかということを考えました。その結果、二つの方法を見つけました。一つ目は、日本語と英語の2ヶ国語放送の映画やテレビを見ながら勉強する方法です。これは聞く練習にとても良いです。しかし、勉強してみた結果、両方とも英語のリズムになれることやアメリカ人の感覚を理解できるという点はいいのですが、映画は内容によって聞きやすいものと聞きにくいものがありました。それに比べてドラマは、内容も単純なものが多く、はっきりと発音してくれるので、全体的に聞きやすかったです。二つ目はインターネットです。インターネットではメールで外国人との交流も容易にできます。その中で仲良くなりながら英語も勉強できて会話と書く練習に役立つと思います。皆さんも一度試してみてください。

1．お金を使わず外国の文化を理解できる方法

2．お金を使わず映画を見る方法

3．お金を使わず外国人と仲良くなる方法

4．お金を使わず英語を勉強する方法

→ 문제 p.22 🎧 22-04

4. 授業中に地理の先生が話しています。先生が話している内容はどれですか。

F：日本での夏休みは、あまりにも暑くて我慢できないから仕事を休もうということなのでしょうが、イタリアでは、夏が一番いい季節だから夏休みがあります。イタリアでは日本に比べて夏は日も長く、夜の7時から8時頃までは十分に明るいです。また、日本に比べて気温も低く空気が乾燥していて過ごしやすいので、旅行や観光にも一番いい季節です。つまり、日本人は一番働くのが大変な時期に夏休みを取り、気候が快適になってくると仕事を始めますが、イタリア人は、一番快適な時期に夏休みを取り、気候が快適でなくなってくると仕事を始めるということです。

1. 日本とイタリアの夏の気候の違い
2. 日本とイタリアの夏の働く場所の違い
3. 日本とイタリアの夏休みの過ごし方の違い
4. 日本とイタリアの夏休みに観光する場所の違い

→ 문제 p.22 🎧 22-05

5. 経済学者がテレビで話しています。経済学者が話している内容と合っているものはどれですか。

M：皆さんはパレートの法則を知っていますか？ これは経済において、全体のほとんどは全体を構成するうちの一部の要素で作られているというもので、80：20の法則とも呼ばれています。そして今では社会の様々な分野で証明されています。例えば、会議では20％の出席者が全体の80％を決める、税金を払っている上の20％の人が税金全ての80％を負担している、などです。この法則は自然界にもあてはまります。例えば、よく働く虫と言われているアリも集団の中で一生懸命に仕事をするのは20％で、残りの80％のアリたちは、仕事を怠けているということです。その働くアリと怠けるアリが生まれたときから決まっているわけでもありません。つまり集団をどう選んでも、全員の20％が平均以上に働いて、残り80％は怠けてしまうという結果になるというわけです。

1. どのアリの集団も80％はよく働いている。
2. パレートの法則は会社の中でのみ証明されている。

３．仕事を怠けているアリはどのような環境におかれても怠けたままだ。
４．パレートの法則は人間界と自然界の両方に用いることができる。

2. 메모의 기술

(1) 대상

→ 문제 p.24 🎧 24-01

1. F：最近暖かくなってきたね。明日日曜日だし、ハイキングにでも行かない？

   M：いいねぇ。僕たち二人だけで行くの？

   F：ハイキングに二人で行ったっておもしろくないでしょ。誰か誘いましょ。

   M：そうだよな。じゃあ、木下でも誘うか。

   F：木下さん先週田舎に帰るって言ってたけど…。

   M：そうなんだ〜。あっ、そういえば、山本が明日デートがなくなって暇になったって言ってたから山本は絶対来るよ。

   F：あ〜、私も忘れてたけど、明日森田さんがサークルの集まりがなければ、会いたいって言ってたんだけど…はっきりしたことは明日にならないと分からないみたい。

   M：じゃあ、明日になって連絡してもらえばいいじゃん。お弁当とかは森田さんの分も用意しといてさ。

   F：うん、ありがとう。そうしましょう。

→ 문제 p.25 🎧 25-02

2. M：明日お父さんの誕生日だよね。パーティーするでしょ？

   F：うん。叔父さん家族も来るから今年は楽しくなりそうね。

   M：そうなんだ〜。叔父さん家族って何人だっけ？

   F：4人家族よ。

   M：家と同じだね。あっ、そうだ。今年もお父さんの好きなワインプレゼントするの？

   F：そうねぇ。そうしようかしら。あっ、でも叔父さんはワイン飲めないからビールにするわ。ビールなら叔母さんも叔父さんもお父さんもお母さんもみんな飲めるから。

   M：缶ビールここにあるよ。何本買うの？

F：一人一本ずつ買うことにするわ。

M：お母さん、ケーキは？ 今年は去年よりも大きいの買わないとね。

F：そうね。今年もチョコレートケーキでいい？

M：今年は違うのが食べたいな。あっ、このチーズケーキおいしそう。

F：じゃあ、これにしましょう。

→ 문제 p.26 🎧 26-01

1．M：おはよう。今日は早く起きたな。何かあるのか？

　　F：ううん。今日の天気予報が雨だったから、電車遅れるかもしれないと思ってね。早く行くことにしたの。

　　M：だからってまだ6時じゃないか。いつもより1時間半も前に起きなくったって。お母さん朝ごはんまだ作ってないぞ。

　　F：大丈夫よ。今日は朝からラーメンが食べたくて作ろうと思ってたから。

　　M：今、家にカップラーメンしかないぞ。

　　F：そうなんだ。じゃあ、お湯沸かしてる間に着替えてこよっと。

　　M：お湯ならもう沸いてるぞ。さっきお父さんがお茶飲んだから。

　　F：じゃあ、ラーメンにお湯入れて待ってる間に化粧しようかな。

　　M：お湯を入れて3分以上置いてると麺が伸びちゃうじゃないか。

　　F：これは大きいサイズだから、2分多くかかるの。その間に十分できるわよ。

　　M：そうなのか。今、窓から外見たんだけど、天気予報外れてたぞ。空に雲ひとつなかったよ。

→ 문제 p.27 🎧 27-02

2．F：ねえねえ、どのサークルに入るか決めた？

　　M：ううん、今考えてるとこ。どうしようかな？

　　F：今募集しているのは演劇サークル、テニスサークル、音楽サークル、料理サークルか。どれもおもしろそうね。一緒に入らない？

　　M：いいよ。活動日は…演劇サークルが月、水、金で、テニスサークルが水曜と日曜。

F：音楽サークルが火、水で、料理サークルが日曜ね。私今うどん屋でアルバイトしてて月曜日と金曜日は活動できないの。

M：僕は金曜日と土曜日にアルバイトがあるんだ。

F：じゃあ、演劇サークル以外は大丈夫ね。どうしよっか。

M：活動日の一番少ないサークルにしない？ アルバイトの他に勉強もしないといけないじゃん。

F：そうね、そうしよう。

➜ 문제 p.28 🎧 28-01

1．F：あ〜、お腹すいた。

M：そうだね。何食べようか？ はい、メニュー。

F：う〜ん。どれもおいしそうね。私辛いものは食べられないから、キムチ鍋以外がいいな。

M：そうだね。じゃあ、野菜鍋にするか。

F：野菜鍋は家でも作れそうじゃない？ せっかく食べに来たんだから他の食べましょうよ。

M：じゃあ、ここはパーっと一番高いしゃぶしゃぶを食べるとするか。

F：しゃぶしゃぶって…6000円もするじゃない！ だめよ。明日の給料日までは節約しないとダメなんだから。

M：あれ、今日が給料日じゃなかったっけ？ あっ、今日24日か。一日勘違いしてたよ。じゃあ、やっぱり野菜鍋にしたほうがいいんじゃないか。3000円で一番安いぞ。

F：う〜ん、そうねぇ…。ちょっと待って。他の料理は全て二人分の値段だけど、しゃぶしゃぶだけ三人分の値段になってる！ 一人分を計算するとそんなに高くないわね。これにしましょう。

2．M：いらっしゃい。

　　F：こんにちは。今日はハンバーグを作ろうと思って細かく切った牛肉と豚肉を買いに来

　　　　たんですけど、いつもスーパーで買っているから何グラム買えばいいのか分からなく

　　　　て…。

　　M：一人分が200グラムだと考えればいいと思います。

　　F：じゃあ、１キロください。

　　M：分かりました。牛肉と豚肉同じ量でいいですか？

　　F：いえ、うちはハンバーグを作る時牛肉の方を多く使うので、豚肉は350グラムだけく

　　　　ださい。

　　M：はい。今キャンペーンをしていて、１キロ以上買っていただいたお客様に鶏肉200グ

　　　　ラムを無料で差し上げていますので、一緒に入れておきますね。

　　F：まぁ、嬉しい。でもうちの家族、鶏肉食べられない人が多いので半分の量だけいただ

　　　　くことってできますか？　このキャンペーンっていつまでされてるんですか？

　　M：しあさってまでです。

(4) 기타

1．F：これ見て〜、棚を整理してたら昔の写真が出てきたの。

　　M：子供たちの写真じゃないか。懐かしいな〜。そう言えば昔は春子と夏子に同じ服を着

　　　　させていたな〜。

　　F：うん、双子って同じ服を着せたくなっちゃうのよね〜。秋子は昔はズボンしかはきた

　　　　くないって言っていつもズボンばっかりはいてたから男の子みたいね。

　　M：あ〜。髪も短かったしな。でも冬子も髪は短かったじゃないか。

　　F：でも冬子は頭にリボンのピンをつけるのが好きだったから、もう少し女の子っぽかっ

　　　　たわよ。

　　M：そうそう冬子はこの時、写真を撮る時はいつもVサインしてたよな。

　　F：それは夏子も同じだったわよ。ほら。

　　M：この時は子供が多くて騒がしかったけど、今考えるとこの時が一番楽しかったよな。

　　F：そうね。

2. F1：ポストにメガネ屋のチラシが入ってたよ。夏美メガネ欲しいって言ってたでしょ？

F2：本当に？ お母さん買ってくれるの？

F1：そうねえ、今つけてるメガネも買ってだいぶ経つから一つ買ってあげるわ。あっ、これなんてどう？ レンズが四角でおしゃれじゃない？ お母さんいいと思うけど。

F2：でも、これフレームが太すぎない？ 目が小さく見えそうで嫌だな。

F1：そ〜お？

F2：あっ、このメガネ今人気があるんだよ。かっこいいと思わない？ 私これ欲しい！

F1：だめよ。レンズに色が入ってるメガネなんて！ あなたまだ高校生でしょ？ 違うメガネにしなさい。

F2：この丸くてフレームがないメガネは今のと似てるから嫌だし…。じゃあ、これしかないね。これ買うよ。でも、お母さん早く行かないと割引明日で終わっちゃうよ。

F1：本当！ じゃ、今から行きましょう。

→ 문제 p.38 🎧 38-01 ···

1番 夫と妻が話しています。二人は隣のおじいさんにどの靴をプレゼントしますか。

F：あら、あなたインターネットで何を見てるの？ 靴じゃない。

　　でも、これあなたの年には合わないデザインなんじゃないかしら。

M：違う、違う、自分用じゃないよ。隣に住んでるおじいさんいるだろう？

　　いつも何かとお世話になってるから、お礼にプレゼントでもしようかと思うんだ。

F：そうねぇ。じゃあ、紐靴は駄目ね。大変だし、紐がほどけてつまずいたら危ない

　　し。このファスナーがついているの、いいんじゃない？

M：あ、君もそう思った？ でも、おじいさん、よく散歩しているからこういう室内用じ

　　ゃなくて、外で履ける靴がいいと思うんだ。この真ん中がゴムになっているの、楽

　　そうだな。

F：あら、あなた、これだって室内用よ。よく見て。あっ！ このベルトが2つのなら長

　　い時間散歩しても疲れなさそうね。

🔊 二人は隣のおじいさんにどの靴をプレゼントしますか。

→ 문제 p.39 🎧 39-02 ···

2番 妻と夫がデパートの洋服売り場で話しています。妻はいくら買い物をしますか。

F：ねぇ、あなた。この服、あなたによく似合うんじゃない？ 少し高いけど、買う？

M：僕に服を買ってくれるなんて珍しいじゃない。どうしたの？

F：実はね、今私の服だけで20,000円分なんだけど、あと5,000円買ったら3,000円

　　分の商品をもらえるのよ。

M：ああ、それでか。おかしいと思った。

F：で、あなたの服、買う？ 買わない？

M：うれしいけど、その服、10,000円じゃない。 3,000円の商品をもらうために

　　10,000円も余計に払うなんて、もったいないよ。

F：そう？ じゃぁ、やめておくわ。

🔊 妻はいくら買い物をしますか。

3番　楽器屋の主人と客の女性が話しています。女性はどのバイオリンを買うことにしましたか。

M：いらっしゃいませ。何をお探しですか？

F：バイオリンです。来月から習い始めようと思って。

M：そうなんですか。バイオリンはこちらです。

F：私みたいな初めてする人向けはどれですか？

M：そうですね。ですと、こちらかこちらですね。価格も安いですし、扱いやすいと思います。

F：これは少し形が変わってますよね。これは何ですか？

M：これはエレキバイオリンと言って、音が聞こえないようにできるんです。夜など練習したい人はここからイヤホンをつければ、自分だけ聞くことができるんです。マンションなどにお住まいの方には便利な商品ですよ。

F：へぇ～おもしろいですね。私は夜練習するつもりはないのでこれはいいです。さっき勧めていただいたものの中で一番安いのにします。

🔊 女性はどのバイオリンを買うことにしましたか。

4番　印刷会社の社員二人が話しています。二人はどのポスターの字の大きさが気に入ったと言っていますか。

M1：宣伝用ポスター頼まれてたものできたんだけど、ちょっと見てくれる？

M2：うん、何で同じのが四つもあるんだ？

M1：どの字の大きさがいいか分からなくて四つ作ってみたんだ。

M2：このポスターってどこに貼られるんだ？

M1：駅だってさ。

M2：じゃあ、大きいほうが目立つし、よく見えていいよな。でも、これはあまりにも大きすぎないか？　あとの二つは小さすぎると思うし。

M1：じゃあ、これか…。

M2：やっ、待てよ。よく見てみると、これの方が印象が強いかもな。目が悪い人でも確実に読めるし。

M1：だよな。実は僕もこれがいいと思ってたんだ。

🔊 二人はどのポスターの字の大きさが気に入ったと言っていますか。

➜ 문제 p.40 🎧 40-05

5番　男性と女性が話しています。男性はどの髭が気に入ったと言っていますか。

F：見て〜この記事。

M：どれどれ？　なんだ、髭の種類がのってるだけじゃないか。

F：そうなんだけど…。うちのお父さんも髭があるんだけど、この髭Ⅱなのよね。

M：へぇ〜、この髭って濃い人にはいいけど、薄い人は伸ばすのが大変って友達が言ってたよ。

F：うん。うちのお父さんも伸ばすのに苦労したみたい。でも、どうしてもこういう髭にしたかったんだって。私としては髭Ⅳがかっこいいと思うんだけど、どう？

M：僕は嫌だな〜。だってこういう髭にすると軽く見られる場合が多いから。僕はこれがいいな。

F：えっ!?　うちのお父さんと一緒じゃない！

M：よく見ろよ。先が上に上がってるだろ？　これが今流行りなんだよ。

F：えっ〜、おじさん臭い〜。

🔊 男性はどの髭が気に入ったと言っていますか。

➜ 문제 p.41 🎧 41-06

6番　習字の先生が外国人の生徒にこれから書く字の注意点を説明しています。生徒はどの字を書きますか。

M：皆さん、こんにちは。習字の練習も7回目ですね。だいぶ慣れてきたと思います。今日は皆さんに、この字を書いてもらいます。これから書く時に注意してほしいことを説明しますので、よく聞いてください。まず、カーブがあるところは丁寧にゆっくりと筆を進めてください。次に横の線は平行になるように幅に気をつけながら書いてください。そして、最後ですが、英語の大文字のエル（L）の要領で書いていって、一度筆を止めたら上にゆっくり優しく上げながら筆を紙から離してください。では、書いてみてください。

➡️ 문제 p.41 🎧 41-07

7番　男性と女性がガイドブックを買おうとしています。二人はどのガイドブックを買いますか。

F：今度行くヨーロッパ旅行のガイドブック、色々な種類があるのね。どれにしようか迷うわ。

M：僕が見る限り、書いてある内容はほとんど一緒なんだよな。あとは地図の問題かな。

F：そうね、地図が小さくしか載っていないのもあるし、大きくてガイドブックの内側のポケットに挟まれているのもあるわね。

M：うん、それにガイドブックから離れないように片側だけ糊で付いているのもあるね。

F　：実際、旅行しているときは何が一番便利なのかしら。地図がなくならないようにポケットのあるものか、のりでくっついているのにしない？

M：そうだね。地図が小さいガイドブックはまた別に地図だけ買わなきゃならないし、ポケットつきのなら、ガイドブックと両方持ち歩いてもいいし、必要なければ地図だけでもいいし。これにしようか。

F：そうね。

➡️ 문제 p.42 🎧 42-08

8番　母と娘が話しています。娘の毎日の日課は何ですか。

F1：ただいま〜。犬の散歩、行ってきたよ。

F2：ありがと。ここ最近、迷惑かけてごめんね。

F1：いいよ。お母さん足怪我しちゃったんだもん。じっとしてなきゃ。他に手伝えることない？

F2：じゃあ、花の水やりしてくれる？

F1：分かった。

F2: 後はお母さんがやるから自分のことしなさい。明日テストなんでしょ。

F1: そうだった。日記書いて英語のテープ聞かないと。それから理科練習問題も解いて…。やることいっぱいだ。

F2: そんなに勉強することがあるのに、テスト前まで書かなきゃいけないの？

F1: うん。小学校のとき、宿題で書かされて以来癖になっちゃって。

🔊 娘の毎日の日課は何ですか。

➜ 문제 p.42 🎧 42-09 ┈┈┈┈┈┈┈┈┈┈┈┈┈┈┈┈┈┈┈┈┈┈┈┈┈┈┈┈┈┈┈┈┈┈┈

9番 夫婦が掃除をしています。妻は夫に何をとってと言っていますか。

M: トイレの掃除終わったぞ。久しぶりに掃除したからとっても汚かったよ。さっぱりした。

F: ご苦労様。最近、私もあなたも仕事忙しくてほとんど家事できなかったからね。

M: うん、今日はピカピカになるまでやるぞ〜。

F: 頼もしいわね。じゃあ、次は玄関の掃除お願い。

M: よし、任せとけ。

F: その前にソファーの上にあるのとってくれる？ 食卓の上、拭きたいから。

M: お〜これか、はい。

🔊 妻は夫に何をとってと言っていますか。

➜ 문제 p.43 🎧 43-10 ┈┈┈┈┈┈┈┈┈┈┈┈┈┈┈┈┈┈┈┈┈┈┈┈┈┈┈┈┈┈┈┈┈┈┈

10番 夫婦が話しています。夫はどの幼稚園に子供を行かせたいと言っていますか。

M: タカシ来年幼稚園だろ？ そろそろ通わせるところ決めなきゃいけないんじゃないか？

F: 私もそう思って色々調べてみたんだけど、今って昔と違って専門的になにか教える幼稚園が増えてるのね、外国人の先生がいて英語を教える所とか。

M: 僕もこないだテレビで見たよ、体操教える幼稚園。子共達が回ったり跳んだり、凄かったぞ。僕もあんな幼稚園に行ってたら、今頃アクションスターだったのになぁ…。

F: へえ〜知らなかった。あなたアクションスターになりたかったの？

M：いや、僕は小さい時、ピアニストになりたかったんだ。でもリズム感が全くなくて諦めたよ。

F：あなた英語も運動もできるけど、歌は聞けたものじゃないものね。音楽を教える幼稚園もあったわよ。

M：そっか、でもどうせだったら、興味を伸ばしてあげられる所がいいんじゃないか？ タカシ、絵描くの好きだろ？ 絵を教えてくれる幼稚園ってのはないのか？

F：あるわよ、絵画幼稚園ってのが。でもさ、今は描かされるより、自由に描いてる方が面白いんじゃない？ それより、英語とか音楽とか体操とかにした方がいいと思うな。

M：それもそうだな、その中だったら、僕は僕にない物が身に付けられる所に行かせたいな。

🔊 夫はどの幼稚園に子供を行かせたいと言っていますか。

➔ 문제 p.43 🎧 43-11

11番 男の人と女の人が話しています。「寒いから」以外に星が綺麗に見える理由は何ですか。

M：あそこにさ、小さな星屑が集まってる所があるだろ？ あれが天の川だよ。見える？

F：うん、はっきり見えるよ。あれが天の川か、本当は寒くて来るのに気が進まなかったけど、こんなに星が綺麗に見られたら、山まで来て良かったって思うよ。

M：そうだろう。街じゃこれだけの星は見られないよ。静かだし、集中して楽しめるだろ？

F：そうね。でもさ、夏に来た時より綺麗に星が見えるのは気のせいかな？ 同じ山なのに何でだろう？ 前より月が光ってるからかな？

M：う〜ん、違うな。町の光がないからってのはあるけど、さっき自分で言ってたよ。

F：ええ？ 言ってたの？ なんだろう…？ 天の川がはっきり見えるから？ じゃなかったら、寒くても山に来たからかな？

M：おしいね、「寒くても」というよりは「寒いから」だね。寒いほうが空気が澄んでその分、星が見えやすくなるんだ。

F：へぇ、そうなんだぁ、知らなかった。じゃあ、もっと寒くなったらまた来ようよ。

🔊 「寒いから」以外に星が綺麗に見える理由は何ですか。

→ 문제 p.44 🎧 44-12

12番 男子学生と女子学生が話しています。男子学生は何がないと家で寝られないと言っていますか。

F：ちょっと、講義終わったよ。いつまで寝てるの？

M：ん？ あっああ…。何？ 終わったの？

F：終わったの？ じゃないわよ。先生、あんたのこと見てたわよ。

M：だってさ、ここ暖房があって暖かいからさ、俺の家なんて暖房ないから、寒すぎて帽子被らないと寝られないんだぜ。

F：相変わらず酷い生活してるね。前は枕がないとか言ってなかった？

M：うん。でも、枕はこないだ先輩が引っ越しする時にくれたんだ。だから、今はその枕のおかげでぐっすり眠れてるよ。

F：そう、良かったわね。あっ、もうこんな時間、次の講義に行かなきゃ。次は、伝統音楽よね。

M：おっ、伝統音楽か、次は音楽もあって寝るには最適な空間なんだよな。

F：あっそう。次の講義は離れて座ってね。

🔊 男子学生は何がないと家で寝られないと言っていますか。

→ 문제 p.44 🎧 44-13

13番 男の子とお母さんが電話で話しています。男の子はこの後どうしますか。

M：もしもし、お母さん。今学校から帰ってきたんだけど、家の鍵を忘れちゃって…。お母さん、何時に帰ってくるの？

F：ええ？ 忘れたの？ お母さんまだ仕事だから、すぐには帰れないわよ。

M：お姉ちゃんにも電話してみたんだけど、友達と遊びに行ってて夜まで帰ってこないって。

F：仕方ないわね。図書館に行って勉強でもしたら？

M：今日は図書館は休みの日だよ。

F：あら、そう。あ、そうだ。おばさんの家、近所だから歩いていけるでしょう。お母さん、おばさんに連絡しておくから、お母さんが帰るまでそこにいなさい。それが一番いいわ。

M：えー、嫌だよ。おばさん、怖いんだもん。

F：何言ってるの。電車賃もないんだからお母さんの仕事場まで鍵をとりに来られない

でしょう？ 嫌でも今日はお母さんの言うとおりにしなさい。

🔊 男の子はこの後どうしますか。

→ 문제 p.45 🎧 45-01 ‥‥‥‥‥‥‥‥‥‥‥‥‥‥‥‥‥‥‥‥‥‥‥‥‥‥‥‥‥‥‥‥

1番 学校で男の子と女の子が話しています。女の子は今日、なぜ花束を持っているのです

か。

M：あれ、その花束、どうしたの？ もしかして君、今日誕生日だっけ？

F：ううん。今日じゃないわよ。

M：じゃあ、誰か友達の誕生日プレゼント用に君が準備したの？

F：ううん、これは私がもらったの。

M：え？ なんで、誕生日でもないのに？ まさか、誰かから告白されたとか？

F：そうだったらいいんだけど…。来週私の誕生日なんだけど、その日に会えない友達

が前もってプレゼントにくれたの。

M：へえ〜、そうだったのか。

🔊 女の子は今日、なぜ花束を持っているのですか。

→ 문제 p.46 🎧 46-02 ‥‥‥‥‥‥‥‥‥‥‥‥‥‥‥‥‥‥‥‥‥‥‥‥‥‥‥‥‥‥‥‥

2番 会社の上司と部下が話しています。この日、部下はどうして遅刻しましたか。

M1：丸山君、今日も遅刻じゃないか。一体どれだけ遅刻すれば気が済むんだい。

また寝坊だろう。

M2：すみません…、でも今日は本当に寝坊じゃないんです。

M1：じゃあ、電車の中で寝ていて、降りる駅を通り過ぎたとか。よくあるじゃないか。

M2：はあ…。実は電車の中で荷物が重くて、かばんを上の棚に置いたら降りるときに

すっかり忘れてしまったんですよね。

M1：君もまったくそそっかしいなぁ。

M2：それで、電車の終点の駅の事務室までかばんを取りに行ってたんです。それだけ
だったら会社には間に合っていたんですけど…。

M1：なんだ、早く結論から言いなさい。

M2：ええ、それが、その終点の駅から会社に来る途中で迷子になっている子どもを見
かけて、無事、その子の親が見つかるまで一緒にいたらこんなことになってしま
ったんです。

◀) この日、部下はどうして遅刻しましたか。

→ 문제 p.46 🎧 46-03

3番 孫が祖母と電話で話しています。祖母はどうして孫の手紙をまだ読んでいないのです
か。

F：もしもし。

M：もしもし、おばあちゃん？ 僕、先週おばあちゃんに手紙を送ったんだけど、届いた？

F：あ、浩次。手紙、受け取ったよ。ありがとうね。でもまだ読んでないんだよ。

M：どうして？

F：ほら、おばあちゃん、目が悪いだろう。目が悪いって言ったって、手紙が読めない
程じゃないんだけど、明日、ちょうど、浩次のおばさんが来るんだよ。その時に読
んでもらった方が楽だと思ってね。それに、何と言っても一人で読むよりも誰かと
一緒の方が楽しいんだよ。

M：そうか、そうか。僕、てっきり忙しいのかと思ってた。僕が書きたくて書いてるだ
けだから、無理に返事しなくてもいいからね。

F：ああ、この前も返事を出してあげなかったね。悪いね。今度おばあちゃんが手紙出
すときは、浩次が見たことのない、珍しい切手を貼って送ってあげるね。

◀) 祖母はどうして孫の手紙をまだ読んでいないのですか。

4番 会社で同僚の男性と女性が話しています。男性はなぜコーヒーを飲まないのですか。

F：ねえ、この前、外国に住んでる友達が日本では滅多に手に入らないコーヒーを送ってくれたの。今度家に飲みにこない？

M：誘ってくれるのはうれしいけど、遠慮しておくよ。

F：なんで？ コーヒー、嫌いな人だったっけ？

M：違うよ。むしろコーヒーは好きだよ、香りもいいし。

F：もしかして寝る前に飲んだら眠れなくなってしまうタイプ？ 私、案外関係ないのよね。

M：実は今、わざと飲まないようにしてるんだ。僕、タバコも吸うし、コーヒーもよく飲むから、胃を壊しちゃって。医者に両方ともしばらく控えるように言われてるんだ。

F：そうなの？ 好きなのに飲めないのって、辛いわよね。私、この前、コーヒーは嫌いじゃないのにアレルギーで飲めない人に会ったのよ。話を聞いてすごくびっくりしたわ。

🔊 男性はなぜコーヒーを飲まないのですか。

5番 先生と生徒が話しています。昨日、生徒が学校に来なかったのはなぜですか。

F：林君、どうして昨日学校に来なかったの？ 来られない時は事前に連絡することになっているでしょう？

M：すみません、連絡しようと思ったときは、もう授業の時間が過ぎていたので…。

F：林君は休んだの昨日が初めてだったじゃない。いつも遅刻するのが当たり前なら先生もそんなに心配しないけど、事故に巻き込まれたのかもしれないと思ったじゃない。

M：目覚ましが鳴らなくて…。ちょっと前の日、遅くまでテレビを見ていたら寝るのが遅くなっちゃって。ほんと、すみませんでした。

F：今度から気をつけてね。さて、皆さん、今、風邪が流行っているので十分注意してくださいね。

🔊 昨日、生徒が学校に来なかったのはなぜですか。

6番 母親と息子が話しています。息子の友達が料理を全部食べなかったのはなぜですか。

F：ねえ、慎吾、今日のお母さんの料理、あまり美味しくなかった？

M：どうして？

F：うーん、さっき帰ったあなたのお友達、全部食べなかったじゃない。

M：あー、お母さん、そんなこと気にしてたの？　別にまずくなかったよ。直君は食べものの好き嫌いのない子だよ。

F：あなたたち、もしかしてお母さんが帰ってくる前、お菓子いっぱい食べたんじゃないの？　それでおなかいっぱいで食べられなかったんでしょう。

M：えー、今日はおやつにリンゴ一個しか食べてないよ。…あ、そうだ、直君、今固いものが食べられないんだよ。歯医者さんに通ってるんだって。さっきも僕がおやつに出したリンゴを食べられなかったんだよ。

F：なんだ、最初に言ってくれたらやわらかいお料理にしたのに。今度、またお食事に呼んであげなさい。その日はおやつ食べちゃ駄目よ。美味しく沢山食べてほしいから！

🔊 息子の友達が料理を全部食べなかったのはなぜですか。

7番 女子学生と男子学生が話しています。この男子学生はなぜ悔しがっているのですか。

F：また、負けちゃった〜。本当に太郎君ってゲーム上手よね。

M：それほどでもないよ。でも、今日はあんまり嬉しくないな。

F：どうしたの？　何かあったの？

M：うん…ちょっと、悔しいことがあって。

F：何、何？

M：山田と家で宿題をしてたんだけど、そのうち勝負して先に全部解いた人がマリーンの帽子を買うことになったんだ。

F：なるほど、それで太郎君が負けたのね。

M：いや、僕が勝って山田が帽子を買いに行ったんだけど、山田が行った店が帽子をとても高く売ってたんだ。それでその店に文句を言いに行ったんだけど、その間にあいつ、今日の夜食べようと思って大事にとっておいたケーキを許可もなしに…。

F：そうゆうことか。

◀） この男子学生はなぜ悔しがっているのですか。

→ 문제 p.48 🎧 48-08

8番　母と娘が話しています。娘はどうしてダンスの稽古を休みたいと言っていますか。

F1：もう6時過ぎてるわよ。今日木曜だからダンスの日じゃないの？

F2：うん、そうなんだけど…。今日は行きたくなくて…。

F1：いつもあんなに楽しそうに行ってたのに今日はどうしたの？

F2：何か飽きてきちゃって。

F1：珍しいわね。美香、何でもあまり飽きない性格なのに。

F2：う～ん。ダンスにっていうよりいつも同じようなダンスばっかり練習させられるからおもしろくなくなっちゃって。先生変わったからかな。

F1：でも、来月発表会があるんでしょ。それまでは続けないと。

F2：分かってるけど、今日は許して…。行かないとダメだと思うと、お腹痛くなってきちゃった。

F1：この子ったら本当にもう…。

◀） 娘はどうしてダンスの稽古を休みたいと言っていますか。

→ 문제 p.48 🎧 48-09

9番　娘が父への手紙を読んでいます。娘はなぜ父に手紙を書きましたか。

F：私はお父さんに言いたいことがあって手紙を書きました。お父さんはいつも家族のために週末も仕事したりして頑張ってくれているのでありがたいとは思いますが、仕事以外で家にいる日にずっとお酒を飲むのは辞めてほしいです。お父さんはあまり家にいないのでいるときはたくさん話をしたいのにいつも酔っているのでちゃんとした会話ができたことがありません。この前、私が成績トップをとったと話したときも横で眠ってしまっていました。ほめてほしかったのに。これからはもう少し家族の話を聞いてほしいと思います。突然こんな手紙を書いてごめんなさい。

◀） 娘はなぜ父に手紙を書きましたか。

10番　男子学生と女子学生が話しています。男子学生は昨日なぜ眠れなかったと言っていますか。

M：ファ〜ア。

F：今日、朝からあくびばかりしてるわよね。昨日あまり寝てないの？

M：うん。昨日3時間しか寝られなかったんだ。

F：えっ、3時間？　何してたの？　遅くまでゲームでもしてたんでしょ。

M：違うよ。昨日、隣の家の人が夜中にずっと大きい声で歌歌ってたからだよ。

F：そんなこと言って、川田君授業中うるさくても寝られるじゃない。

M：斉藤さんにはいつも勝てないな〜。実は昨日夜突然、お腹痛くなっちゃってトイレから出られなくなったんだ…。食べすぎかな。

F：どうりでおかしいと思ったわ。

M：でも、目が覚めたのはその人のせいだったんだぜ。

F：分かった分かった。

🔊 男子学生は昨日なぜ眠れなかったと言っていますか。

11番　女性と男性が会社で話しています。男性はどうして二人の月給に差があると言っていますか。

M：今日、給料日だね。

F：うん、そうね。この時が一番働いてて良かったって思えるわよね。ところでさ〜、嫌だったら言わなくていいんだけど、給料いくらもらってるの？

M：35万だけど。

F：えっ！　そんなに!!　私と10万も差があるんだ。

M：そうなんだ…。男と女の違いかな。

F：そんなのおかしいじゃない。私たち同じ歳でしょ。それに仕事も同じことしてるのに、何で。

M：そうだよな。じゃあ、男は外に営業に行ったりするからその分の額がプラスされてるとか。

F：そんな…。女性だって電話で一生懸命営業してるのに。何か悔しいな。

M：う～ん、君は大学出て働き出しただろ？ 僕は高校出てすぐ働き出したから、僕の方が４年も長く働いてることになるよね。これって大きいんじゃないかな。

F：…そうかもしれないわね。

🔊 男性はどうして二人の月給に差があると言っていますか。

➔ 문제 p.49 🎧 49-12 ....

12番 下宿の主人と女子学生が話しています。女子学生が下宿の主人にしたお願いは何ですか。

M：おっ、川本さん、どうしました？

F：今日はもう晩御飯の時間終わったんですか？ まだ10分残ってますけど。

M：あ～、今週から晩御飯の時間が30分早くなったのでもう終わっちゃったんですよ。

F：そういうことは連絡してくれないと分からないじゃないですか。

M：先週留守番電話に入れておいたんですけど。確認されなかったんですか？

F：そうだったんですか。すいません。今日は小さくてもいいんで、自分で炊事できるキッチンを作っていただけないかと思って伺ったんですけど。晩御飯の時間に間に合わない時も多いので。

M：そうですか。わかりました。考えてみます。そうだ！ この前川本さんに頼まれて預かってた荷物渡しますね。

F：あっ、そうだった。ありがとうございます。

🔊 女子学生が下宿の主人にしたお願いは何ですか。

➔ 문제 p.49 🎧 49-13 ....

13番 親子が話しています。母はなぜ息子がケーキを食べたと思ったのですか。

F：タカシ、あなた冷蔵庫の中のケーキ食べたでしょう。あれ今日来るお客さん用なのよ。

M：えっ？ ケーキ？ そんなの食べてないよ。第一、僕は甘い物が苦手なんだから、ケーキなんてあっても食べないよ。

F：そうだった、ごめんごめん。あなた冷蔵庫の物、いつも何も聞かずに食べるから、

　　つい。

M：まったく、何でも僕のせいにするなよ。前もハサミがないのを僕のせいにしただろ。

F：でもね、それだっていつも物が無くなる度にあなたの部屋から出て来るんだから、

　　仕方がないじゃない？

M：でも、ハサミの時は犯人は母さんだっただろ。自分で使ってそこに置いたままにし

　　て、他の誰かならまだ良いけど、疑ってきた本人が犯人だなんて。

F：はいはい、まったく何で似てほしくないところばっかり似るんだろう。じゃあ、ケ

　　ーキは誰が食べたんだろう？

M：そういえば、さっき姉さんが「おやつだ、おやつだ」って嬉しそうに言いながら2階

　　に上がって行ったよ。僕はテレビ見てたから姉さんがケーキ持ってたかは知らない

　　けど。

F：本当？ ちょっとミユキー！

🔊 母はなぜ息子がケーキを食べたと思ったのですか。

→ 문제 p.50 🎧 50-14 ……………………………………………………………………………………………

14番 男の人と女の人が話しています。男の人はなぜ自分で料理をしようと思ったのです

　　か。

M：どう？ おいしい？

F：うん、凄く美味しい。ビックリした。実は初めにあなたが料理するっていった時は

　　期待してなかったんだ。

M：ひどいな。俺だって料理ぐらいできるよ。料理だけじゃなくて掃除とかも完璧。

　　今、君が食べてる魚料理は昨日テレビで作り方を見て美味しそうだったから作ろう

　　と思ったんだ。

F：へえ、じゃあ、これ初めて作ったってこと？ 凄いじゃない。

M：だろ、自分でもそう思うよ、会社辞めて店でも出そうかな？

F：ははは、確かにそれぐらい美味しいけど。その前に料理の学校行かなきゃね。でも

　　さ、今まで一回も作ってくれたことなかったのに、前から料理、好きだったの？

M：いや、実は料理はそんなにしないんだ。でも、まあ今日は本当に上手く出来てるだ

　　ろう？ 今日作ったのは、何かこないだ雑誌でさ…。いや、まあいいや。

F：雑誌で何？　あっ！　分かった。女に人気が出る条件とかで料理が載ってたんでしょう。

M：いや、まあそれに近いのかな？　俺が見たのは、女が男に求める結婚の条件ってやつなんだけど…。

🔊 男の人はなぜ自分で料理をしようと思ったのですか。

→ 문제 p.50　🎧 50-15

15番 客とタクシーの運転手が話しています。タクシーの運転手はなぜ、時間内に目的地に着けないと言っていますか。

M1：運転手さん、駅まで行ってください。

M2：はい、分かりました。

M1：ここから駅までだったら、20分以内には着きますよね。

M2：あーそれはちょっと無理ですね。

M1：え？　何でですか？　今は別に通勤時間でもないでしょう？

M2：そうなんですけどね、駅までの道が昨日から工事中なんですよ。

M1：でも、駅までの道は一つじゃないでしょう。どの道でも20分以内には着くはずですよ。

M2：すみません、本当お恥ずかしい話なんですけど、私先週こちらに引っ越して来ましてね。まだ、道を良く知らないんですよ。今地図で他の道を探しますから、少し待っててもらってもいいですか？

M1：ごめんなさい、急いでるので出発して下さい。後ろから私が案内しますので。

🔊 タクシーの運転手はなぜ、時間内に目的地に着けないと言っていますか。

→ 문제 p.51 🎧 51-01 ···

1番 電話の自動案内サービスの内容です。

F：お電話ありがとうございます。今回はファンクラブ会員限定のコンサートとなります。来月3月1日にファンクラブ会員のみ購入できるＣＤが発売されます。そのＣＤについている応募葉書に、ファンクラブの会員番号など必要事項を記入し3月8日までに届くように郵送してください。その後、3月15日までに抽選で1000名の方に当選のお知らせをお送りしますので、応募葉書にはメールのアドレスを必ずご記入ください。当選のメールが届いた方はコンサート会場での希望の席をオンラインで確認のうえ、選択し、最後にチケット代金をお振り込みください。確認ができ次第、チケットをお送りします。

🔊 何に関する案内ですか。

1．コンサートチケットの入手方法
2．新しいＣＤの発売案内
3．ファンクラブの入会方法
4．ファンクラブへのメールの送信方法

→ 문제 p.51 🎧 51-02 ···

2番 女の人が話しています。

F：私は、英語以外の言語を楽しく勉強できる雑誌を作りたいです。英語の勉強用の本は沢山出版されていますが、その他の言語については種類が少ないのが現状です。ですから、一番にやりたいことはそれですが、その他にも本と関わることで幸せな気分を味わいつつ仕事ができると思います。私は、小さい頃から本を読むのがとても好きでした。小学生の時には、学校の図書室にある本を全て読みきってしまったくらいです。中学校の時には、ファッションなどにも興味を持ち始め、ファッション関係の雑誌を熱心に読んでいました。高校では、国語の先生の影響を受けて小説も書いてみました。大学の時にはフランス語を専攻しましたが、そこで楽しく勉強できる本がなくて、つまらない思いをしたので、その経験が今回の動機に繋がっていると思います。

🔊 女の人がしたいことは何ですか。
1．英語以外の言語の勉強用に雑誌を作ること
2．学校の図書館を自分の出した本でいっぱいにすること
3．ファッション関係の雑誌を出版すること
4．小説を書くこと

➡ 문제 p.51 🎧 51-03

3番　心理学の専門家が話しています。

M：仲の良い恋人同士を観察していると、同じ間で同じ動作や姿勢をしていることに気づきます。恋人同士に限らず一緒にいて楽しいと感じる友人・知人も、無意識のうちに同じ動作や姿勢をしていることがわりとよくあるでしょう。つまり、心理学では親しくなればなるほどお互いの動作や姿勢が相互に影響しあっていくといわれているのです。こういった人間心理は、スムーズな人間関係を作ることに利用できます。初対面の人に会って話をするとき、相手のしぐさや動作を意識的に真似しながら話すと、相手側が良い感情を抱くことが多いのです。

🔊 専門家は何について話していますか。
1．人間の行動の観察方法
2．同じ動作が与える影響と人間の心理
3．親しい人と一緒にいる時に気をつけること
4．初対面の人への挨拶の仕方

➡ 문제 p.51 🎧 51-04

4番　ある研究者が次のような研究結果を発表しました。

M：50〜79歳の男女49人を3グループに分け、19人には、1日の食事のカロリーを普段より30％減らしてもらいました。別の20人は脳の記憶機能低下の予防に役立つという説のある、体で生産されない栄養のある油成分を普段より20％多く摂るようにし、残る10人は普段の食生活を続けました。実験前と3ヶ月後に言葉を覚えるテストを行った結果、カロリーを抑えた19人の点数は約20％も伸びました。他の2グループは成績に変化が見られませんでした。

◆ この実験結果から何が明らかになりましたか。
1．人間の脳に適するカロリーの計算方法
2．人間の年齢と記憶力の関係
3．やせている人と太っている人の違い
4．人間が吸収するカロリーの量と記憶力の関係

→ 문제 p.51　🎧 51-05

5番　方言の研究者が話しています。

M：よく電車や街で、同じ日本語なのに自分と全く違う言葉で話している人を見かけませんか？　私はよく方言調査に出かけます。方言を研究しているとよく聞かれるのが何をしているのかということですが、一つは、やはり消えてゆくものを記録するということです。単語、音、アクセント、全てです。例えば、関西のアクセントは周辺地域以外の人には特徴的に感じられますね。あとは、ものを尋ねる表現や挨拶の表現の違いなどに注目して、方言分布の地図を描いたり、その方言が使われている地域の数の比較をしながら、変化を観察して日本語の歴史を考えたり、将来を見通したり、あるいは、生活と言葉の関係を考えたりしています。

◆ この研究者は何について話していますか。
1．この研究者の休み日の過ごし方
2．日本に存在する方言の数
3．方言の研究の具体的内容
4．方言の研究の大変さ

→ 문제 p.51　🎧 51-06

6番　大学の講義で教授が話しています。

M：大昔のまだ文字がなかったころの人々は、神話などを全部口で伝えていたのですが、いつからか、中国から漢字が伝えられるようになりました。その影響で人々は漢字を使って文章を書くようになりました。その後、「中国の文字だけじゃなくて、日本の文字でも書こう！」という意見があちこちから出てきました。それで誕生したのがひらがなです。カタカナは、「漢文」という漢字だけで書かれている中国の

文章を日本語でも読めるようにとしたのがきっかけで生まれました。こう見ると日本語の文字は、全て中国から漢字が入ってきたことから生まれたことが分かりますね。

🔊 教授が話している内容と合っているものはどれですか。
1．日本には漢字が伝えられる前からひらがながあった。
2．カタカナとひらがなは一緒の時期に作られた。
3．漢字が伝わってこなかったらひらがなもかたかなも生まれなかった。
4．昔の人は何でも書くことより言うことで伝えるほうが好きだった。

→ 문제 p.51 🎧 51-07 ....

7番　医者が講演しています。

M：現代生活に溢れる電気は、暮らしを快適で便利にしてくれるものとして近い存在となっています。大人も子どもも、家庭、学校、職場の屋内外で一日中、さまざまな電気製品や通信機器などを使っています。しかし電気製品から出る電波である電磁波が体に悪いという研究結果が外国で発表されました。このような状況から海外では電磁波の使用の制限が進み、住宅のなかでも対策が進められています。日本ではまだ特別な制限はありません。私は日本でも多く使う電気製品については対策が必要だと思います。

🔊 医者は何について話していますか。
1．電磁波の研究方法
2．電磁波の怖さ
3．電磁波の使用方法
4．電磁波の不便さ

→ 문제 p.51 🎧 51-08 ....

8番　道徳の時間に先生が話しています。

F：相手の気持ちを考えて行動する。相手のことを思って、相手が嫌がるようなことはしないように心がける。これは最も世界に認められている道徳の一つと言っても良いかも知れません。でも単純なようでいて、これって実はとても難しいことなんです。何故なら、特別な能力でも持っていない以上、本当の意味で他人の気持ちを知ることなんて原理的に不可能だからです。どんな行動にだって他人を傷つける可能性があります。本当の意味で他人の気持ちを考えられる人がいるならば、彼は一言も話すことはできないし、一歩も動くことさえできないでしょう。しかし現実には人は相手の気持ちを考えた「つもり」になって行動しているのです。

◀) この先生は他人の気持ちを考えて行動することはどういうことだと言っていますか。
1. 世界に認められているほど重要なこと
2. なかなか現実ではできないこと
3. 能力を身につければ不可能ではないこと
4. 行動に移そうとしたらできること

→ 문제 p.51 🎧 51-09

9番 銀行の社員が会議で話しています。

M：「現在の貯金額はいくらか」という調査をした結果、「20万円未満」という回答が21％ともっとも多い結果となりました。続いて「200〜500万円未満」が20％、「100〜200万円未満」が18％となり、貯金をしている人としていない人の差があることが分かりました。なお、今回の結果では「家族と一緒に住んでいる人」と「一人で住んでいる人」ではそれほど大きな差が出ませんでした。中でも「会社の寮」に住んでいる人が「200〜500万円未満」を始めとして、100万円以上の貯金額がある人が65％ともっとも多いことも分かりました。一方、「友人との共同生活」をしている人の貯金額は50万円未満の割合が54％と多かったのですが、これらの人々は金銭的余裕がないからこそ、友達と暮らすなどして家賃の負担を減らしているようでした。

◀) 貯金額が一番多いのは誰ですか。
1. 家族と一緒に住んでいる人
2. 一人で住んでいる人
3. 会社の寮に住んでいる人
4. 友人と共同生活をしている人

→ 문제 p.51 🎧 51-10

10番　料理研究家がテレビで話しています。

F：日本のしょうゆには主に薄口しょうゆと濃口しょうゆがあります。今日はしょうゆの種類の説明とどんな料理に合うのかをお話ししたいと思います。まず薄口しょうゆは塩が濃口しょうゆよりも多く使われていて、鍋や味噌汁などの材料の味をそのまま残したい料理に向いています。次に濃口しょうゆですが、塩の量は「薄口しょうゆ」より少ないです。深いうまみ、甘さ、すっぱさ、苦みなどを合わせ持つ代表的なしょうゆで、色をあまり濃く出したくない、という料理以外は基本的にほぼ全ての料理に使えます。皆さんも日本料理を作る時、考えて使ってみてください。

🔊 料理研究家はどういう時に濃口しょうゆを使うと言っていますか。

1．色が濃く出ても構わないとき

2．すっぱさをだしたいとき

3．材料の味を残したいとき

4．塩辛さをだしたいとき

→ 문제 p.51 🎧 51-11

11番　警官が話しています。

M：今日は落し物を拾った時にどうすれば良いのかを話します。道で落し物を拾った場合には、辺りに落とした人がいないか確認し、いなかった場合、近くの交番か警察署へ落し物を届けてください。届けた次の日から6ヶ月と14日経っても落とした人が見つからなかった場合、拾った人に落し物を受け取る権利が生まれます。ただし拾った次の日から7日以内に届けなかった場合、先に述べた権利と、落とした人が見つかった場合にお礼を受け取る権利はなくなります。次に駅で拾った場合です。駅で拾った場合はまず駅へ落し物を届けてください。駅から警察へ届けられ、その後は道で拾った場合と同様です。しかし道で拾った場合と違い、拾ってから24時間以内に駅へ届けなかった場合、生まれる全ての権利を受け取ることはできません。

🔊 警察が話していることと合っているものはどれですか。

1. 駅で拾った場合も拾った人は交番へ届ける。

2. お礼目的で落し物を届けるのは良くない。

3. 落し物を受け取る権利は拾って直ぐには生まれない。

4. 落した人は必ず拾った人へお礼をしなくてはいけない。

→ 문제 p.51 🎧 51-12

12番　男性が話しています。

M：先日友人から、緊張しない方法を教えてほしいと相談されました。友人は今度自分の会社で行われるパーティーの司会をしなくてはならなくなったんだそうです。私もかなり緊張するタイプですが、多くの人の前で話す機会が多いため、いつも大変な思いをしていました。なので、友人の相談も他人のこととは思えず、効果があるかは分かりませんが、自分がいつもしている気持ちの落ち着かせ方を教えてあげました。それは時間をかけて準備をしておくこと、良く思われたいと思わないこと、簡単な話し方をすること、そしてこれは少し悲しいのですが、みんなそんなに真剣に聞いていないことを知っておくことです。私はいつもこれらで気持ちを落ち着かせています。友人もこれで緊張しないようになれば良いのですが。

🔊 男性が話していない内容はどれですか。

1. 良く思われるような話し方

2. 自分の話

3. 友人の相談の内容

4. 自分の願い

→ 문제 p.51 🎧 51-13

13番　小学校の先生が教室で話しています。

F：最近、寒くなって風邪を引く人が多くなってきました。このクラスでも欠席の人が何人かいますね。風邪を引かないためには毎日の予防が大切です。外から帰ったら手を洗うこと、うがいをすることはみんな知ってると思います。でも知っているだけで、してない人もいるんじゃないのかな？　面倒がらずに毎日しっかりしましょうね。あとは睡眠も大切です。よく寝ないと風邪と戦う力が弱くなります。遅くまで起きてないで早く寝るようにしましょう。夜は乾燥するので喉を守るために私は寝るときにマスクをしています。良かったらみんなもやってみてください。でも、どれだけ気をつけていても風邪を引くこともありますから、その時は無理をしないで、学校を休んでしっかり風邪を治してください。明日から歯磨き練習です。明日は忘れずに歯ブラシを持ってきてくださいね。

🔊 先生が生徒達に提案したことは何ですか。

1. 毎日手洗いとうがいをすること
2. 風邪を引いたら無理をしないようにすること
3. 明日から歯ブラシを持ってくること
4. 寝るときにマスクをすること

문제 유형4 ……… 問題 4

→ 문제 p.52 🎧 52-01~30

1番　F：あの時計、ちょっと遅れてない？　　　🎧 52-01

　　　M：1. ごめん、先に行ってて！
　　　　　2. そう？ 僕のと同じだけど。
　　　　　3. 急がなくちゃ。

2番　M：その荷物、重そうだね。半分持とうか？　🎧 52-02

　　　F：1. 本当？ ありがとう。
　　　　　2. 荷物、なくしちゃって困ってるの。
　　　　　3. だから今、ダイエット中なの。

3番　F：ちょっと、そのシャツ、裏返しじゃない？　🎧 52-03

　　　M：1. ううん、裏の通りの方が人が少なくて歩きやすいよ。
　　　　　2. でも、割引商品だったから返せないんだ。
　　　　　3. そうだよ、もともとこういうデザインなんだ。

4番　M：昨日、風邪でだいぶ熱が出たんだって？　もう大丈夫なの？　🎧 52-04

　　　F：1．うん、心配してくれてありがとう。
　　　　　2．本当に風の音がすごくて、夜眠れなかったわ。
　　　　　3．こんなに暑い日が続くのも珍しいわよね。

5番　F：こちらはプレゼント用ですか？　ご自宅用ですか？　🎧 52-05

　　　M：1．これ、素敵でしょう？
　　　　　2．あ、自分で使うものです。
　　　　　3．どうしたらいいですか？

6番　M：ねえ、今晩時間ある？　🎧 52-06

　　　F：1．ええ、8時よ。
　　　　　2．悪いけど、今日は約束があるの。
　　　　　3．時計、持ってないの？

7番　F：ご両親はお元気？　🎧 52-07

　　　M：1．いや、別々に暮らしてるんだ。
　　　　　2．ああ、2年ぶりに会ったんだ。
　　　　　3．ああ、おかげさまで。

8番　M：ちょっと、松田さんの意見聞きたいんだけど、今いいかな？　🎧 52-08

　　　F：1．ええ、でも私で役に立つかしら。
　　　　　2．ＣＤプレーヤー、貸してあげましょうか？
　　　　　3．あまりうるさくしないでね。

9番　F：お料理美味しかったね。いつも色々してもらってるし、今日は私が持つわ。
　　　　　🎧 52-09
　　　M：1．一度持ってみたら？
　　　　　2．重いんだから、僕が持つよ。
　　　　　3．何言ってるの。僕が持つって。

10番　M：初めまして、今日からこちらで働くことになりました、山本友一と申します。

　　　F：1. 佐藤みすずです。よろしくお願いします。

　　　　　2. いろいろお世話になりました。

　　　　　3. 体に気をつけていってらっしゃい。

11番　F：すみません、国立劇場に行きたいんですが、ここからどうやって行けばいいですか？

　　　M：1. 大人一枚8,000円です。

　　　　　2. あ、すみませんけど、僕もこの辺詳しくなくて。

　　　　　3. 何を観るんですか？

12番　F：池田君、悪いけど、お昼を買いに行くなら私の分もお願いしていいかな？時間なくて。

　　　M：1. はい、いってらっしゃい。

　　　　　2. うん、僕、肉は食べられないんだ。

　　　　　3. 分かった、適当に選んでくるよ。

13番　F：わっ！　こんなところにカビが生えてる。

　　　M：1. ここ日当たりよすぎるからな〜。

　　　　　2. 僕が抜いてあげるよ。

　　　　　3. 今、梅雨だからしょうがないよ。

14番　M：今すぐ輸血の準備を！

　　　F：1. 同意しました。

　　　　　2. 承知しました。

　　　　　3. 失礼しました。

15番　F：あっ、パスポート持ってくるの忘れちゃった。

　　　M：1. 君は本当にそそっかしいんだから。

　　　　　2. 君は本当にはなはだしいんだから。

　　　　　3. 君は本当に落ち着いているんだから。

16番　M：そのスカート、ちょっと派手すぎない？　　　　　　　　　　　52-16

　　　　F：1．いつもズボンばっかりはいてるからそう思うのよ。

　　　　　　2．だからはき替えてきたじゃない。

　　　　　　3．私こういう落ち着いた色が好きだからいいのよ。

17番　M：郵便です。ここに判子をお願いします。　　　　　　　　　　52-17

　　　　F：1．はい、おかげさまです。

　　　　　　2．はい、お久しぶりです。

　　　　　　3．はい、ごくろうさまです。

18番　　M：たまの休みだし、どっか行かないか。　　　　　　　　　　52-18

　　　　F：1．いいわよ、無理しなくて。

　　　　　　2．ほんと、たまたまね。

　　　　　　3．そうね、スーパーでゴミ袋買ってきて。

19番　　F：今日のご飯、うまく炊けたと思わない？　　　　　　　　　52-19

　　　　M：1．うん、米がいつもより白いもんね。

　　　　　　2．そういわれたらいつもよりふっくらしてるね。

　　　　　　3．本当に、噛まなくていいほどだよ。

20番　　M：僕たち、かれこれ7年の付き合いになるんだね。　　　　　52-20

　　　　F：1．えっ！　もうそんなになるんだ。

　　　　　　2．そんなに付き合いきれないね。

　　　　　　3．うん、昨日初めて会ったのにね。

21番　　F：今日、金魚買ってきたよ。　　　　　　　　　　　　　　　52-21

　　　　M：1．散歩大変じゃないか。

　　　　　　2．おいしそ〜。

　　　　　　3．かわいいね。

22番　M：こら、暗いところでテレビ見ちゃダメだろう。　　　🎧 52-22

　　　　F：1．だってテレビまぶしいんだもん。
　　　　　　2．まだ昼の1時なんだけど…。
　　　　　　3．はいはい、つければいいんでしょ。

23番　F：このジャムの原料って何？　　　🎧 52-23

　　　　M：1．日本だよ。
　　　　　　2．いちごだよ。
　　　　　　3．赤だよ。

24番　F：会食に部長は出席されないんですか？　　　🎧 52-24

　　　　M：1．あ〜、急な会議があって欠席だ。
　　　　　　2．今、着席します。
　　　　　　3．この店もう満席だからね。

25番　F：ここ赤道に近いんだって。　　　🎧 52-25

　　　　M：1．マフラー持っていかないと。
　　　　　　2．じゃあ、暑いんだね。
　　　　　　3．道路からは近いのかしら？

26番　M：その申し込みは昨日までです。　　　🎧 52-26

　　　　F：1．売り切れですか。
　　　　　　2．明日来れば良かった。
　　　　　　3．知りませんでした。

27番　F：ああ、また追い越された。　　　🎧 52-27

　　　　M：1．のろのろしてるから。
　　　　　　2．ふわふわしてるから。
　　　　　　3．もしもししてるから。

28番　M：風邪引いたみたい。　　　　　　　　　　　　　　　　52-28

　　　　F：1．不況な生活してるから。
　　　　　　2．不規則な生活してるから。
　　　　　　3．不可欠な生活してるから。

29番　M：こっちの色とこっちの色、どっちがいいと思う？　　52-29

　　　　F：1．そっちの方が無難じゃない？
　　　　　　2．あっちの方が美味しそうよ。
　　　　　　3．どちらもいい人だったよ。

30番　M：今日の日の入りは何時か知ってる？　　　　　　　52-30

　　　　F：1．午前5時頃だって。
　　　　　　2．午後7時頃だって。
　　　　　　3．今日のお昼頃だって。

→ 문제 p.53 🎧 53-01

1番　兄弟三人が話しています。

M1：なあ、今日お母さん旅行でいないじゃん、晩ごはんどうする？作る？

F ：じゃあ、私が作るわ。何が食べたい？

M1：いや、姉さんは作らなくていいよ。料理駄目だろう？こないだ作った料理も失敗してたじゃないか。カレーがまずいってどういうことだよ。姉さんが作るぐらいだったら僕が作るよ。

F ：何よそれ、こないだは失敗したけど、今回は美味しい料理作るんだから。食べたくない人は食べなきゃいいわ。

M2：姉ちゃんも兄ちゃんも喧嘩しないでよ。冷蔵庫にお母さんが前に作ったおかずが入ってたよ。でも、ご飯は炊かないと無いから食べるまでに時間かかるね。あっそうだ僕、今日ピザの割引券もらったんだ！ピザ食べたくない？配達ピザ！

F ：そうねぇ、お腹すいたから早く食べたいし、たまにはいいかもね。そうしよう。

🔊 兄弟は晩ごはんに何を食べますか。
　1．姉のカレー　　　　2．兄の料理
　3．配達ピザ　　　　　4．母の料理

→ 문제 p.54 🎧 54-02

2番　会社の同僚の男女三人が話しています。

M ：高山さん、映画のチケットがあるんだ。これ、この前観たいって言ってたやつじゃない？先週掃除の当番代わってもらったから、そのお礼なんだけど。

F1：えっ本当？そんなに気を使わなくてもいいのに。でも、これ、実はもう観ちゃったのよねー。

F2：えっ、じゃあ、私がもらってもいい？

F1：あら、観たからっていらないとは言ってないじゃない。2回観てもいい素敵な映画よ。

M ：もし良かったら高山さんとユリコさんで観てよ。

F2：わあ、本当?！うれしい。

F1：でも、このチケット今日までなのね。林君、悪いけど私、今日約束があって行けないわ。ユリコと二人で観て来たら？

M ：うん、ユリコさんがいいならそうするよ。

F2：あら、いいに決まってるじゃない。ところで、映画の題名、なんだったっけ？

F1：「犬の散歩」。

🔊 最初にチケットをもらうはずだった女性が映画に行かないのはなぜですか。

　　1．一度観た映画だから
　　2．別の約束があるから
　　3．犬の散歩に行かなくてはならないから
　　4．チケットの代わりに掃除をしなくてはならないから

→ 문제 p.54 🎧 54-03 ··

3番　家族三人で話しています。

F ：あなた、今週の土曜日、秀樹のサッカーの試合に応援に行くの、覚えてるわよね。

M1：え、そうだったっけ！

M2：忘れたの？ ちょっと、お父さん、まさか他の予定、入れてないよね。

M1：悪い、上司と釣りに行く約束しちゃったよ。

F ：本当にひどい人ね。この前だって秀樹の誕生日の日に、家にいなかったじゃない。一人息子なんだからもっと愛情持ってよね。

M2：お父さん、釣り、違う日にできないの？！

M1：それが、ただの釣りじゃなくて相手の会社の社長も来るからさ、仕事なんだよ。

F ：はぁ…、仕方ないわね。秀樹には私から言っておくわ。こんな調子じゃ来月の私たちの結婚記念日も不安だわ。

M1：そんなこと言うなよ。結婚記念日には必ず家にいるようにするからさ。

🔊 母親と子どもはどうして父親に対して怒っているのですか。

　　1．サッカーの試合があることを忘れていたから
　　2．一緒に釣りに行けないから
　　3．息子の誕生日に社長を家に連れてきたから
　　4．妻との結婚記念日を祝わなかったから

4番 兄弟が三人で祖母宅への旅行について話しています。

M1：ねえ、お兄ちゃん、お姉ちゃん、今度の夏休み、おばあちゃんのところに車で行かない？

F ：ええ！ 車でってかなり遠いんだから、どこかで一泊しないとだめじゃない。宿代だって余分にかかるし。新幹線で行きましょうよ。新幹線なら4時間で着くんだし。

M1：お姉ちゃん、新幹線と宿代だったら、新幹線の方がだいぶ高いじゃん。

M2：一度くらいいいじゃないか。車で行けばいろんな景色を見ながらいけるし、楽しいと思うけど。お前、なんだかんだ言って、運転が下手だから車で行きたくないんだろう。

F ：何言ってんのよ、私の運転の上手さを知らないでしょ。友達と旅行で車借りるときは私が運転してるんだから。隆は、確か3日くらいしかおばあちゃんの家にいられないんでしょ？ 私、一週間はおばあちゃんの家にいるつもりなんだ。帰りはいつもどおり新幹線にするわ。そしたら、行きは三人で、帰りはお兄ちゃんと隆の二人で運転ね。

🔊 姉が帰り、車の運転をしないのはなぜですか。
1．新幹線の方が速くて安いから
2．運転が下手だから
3．友達と旅行に行く約束があるから
4．帰りの日程が他の兄弟と合わないから

5番 親子三人が話しています。

F1：お父さん〜来月から夏休みだから、どっか連れてってよ。

M ：もうそんな時期か〜。分かった分かった。マキの好きなところに行こう。

F1：本当に！ わーい。

F2：良かったわね、マキ。で、マキはどこに行きたいの？

F1：う〜んとね。遊園地。

M ：遊園地か〜。夏休みは人が多いから待つばっかりであんまり乗り物にも乗れないと思うんだけどな。

F2：お母さんもそう思うわ。暑い中ずっと待ってるの体にもよくないし。温泉はどう？ 久しぶりにゆっくりと。

F1：嫌だ〜。こんな暑い時にお湯なんかに入りたくないよ！

M ：じゃあ、海やプールはどうだ？ マキ泳げないだろ？ お父さんが教えてあげるよ。

F1：焼けるの嫌だから行きたくない。

F2：ここは室内にも泳ぐとこあるじゃない。そしたら日に焼ける心配ないでしょ。

F1：そういえばそうだね。じゃ、ここにしよう。

🔊 三人は夏休みどこに行くことにしましたか。

   1.遊園地

   2.温泉

   3.海

   4.プール

6番　夫婦と店員がデパートで話しています。

F1：今度、お母様のお誕生日でしょう。誕生日プレゼントに、この服はどうかしら。

M　：うーん…、模様は素敵だけど、少しサイズが小さすぎじゃないか。最近太ったみたいだし。

F2：お客様、少々大きめのサイズもご用意いたしますので、ご安心くださいませ。お召しになった感じでしたら、あちらに同じ服を着た店員がおりますので、参考になさってください。

F1：あなた、どう思う？

M　：う〜ん…。

F1：あまり気が進まないみたいね。ちょっと高いけど、素敵じゃない？

M　：実際に着てるのを見たら、ちょっと安っぽい感じがしないか？

F1：言われて見ればそうね。やっぱり洋服は難しいわ。今回は映画やお食事のチケットとかにしよう。

M　：う〜ん…、僕としては最近疲れてるみたいだから、温泉でも行ってゆっくりさせてあげたいんだよな。

F1：それ、いいじゃない。お父様と一緒にゆっくり旅行してもらいましょう。

🔊 質問1　二人はなぜ服を買わなかったのですか。

🔊 質問2　二人は母の誕生日に何をプレゼントすることにしましたか。

→ 문제 p.57 ∩ 57-07

7番 男子学生二人と女子学生が休み時間にトランプで遊びながら話しています。

M1：また僕の勝ちだね。

F ：本当に山下君、強いわね。

M2：本当だよ、何か特別な能力でもあるんじゃないか？

M1：まさか。

F ：じゃあ、もう一回ね。

M1：またやるの？

F ：当たり前でしょ、勝つまでやるわよ。

M2：本当に田畑って負けるの嫌いだよな。小学校に入った時から10年の付き合いになるけど、全く変わらないよ。

M1：僕は去年同じクラスになってから話すようになったぐらいだから、そこまでよく分からなかったけど、今日分かった気がしたよ。

F ：何よみんな。私は進学しても働くようになっても変わりませんよ〜だ。あっ、私今日当番だった、黒板消さなきゃ。

◀) 質問1　この三人はどの学校に通っていますか。

◀) 質問2　女子学生はこの後、何をしますか。

8番 男性社員と女性社員二人が話しています。

F1： 二人ともここにいたんだ。

F2： どうしたの？

F1： 来月休み、一週間もらえるじゃない？ みんなで旅行したいなと思って。

M ： いいねぇ～、行こうよ。じゃあ、みんな一緒の日に休みとったほうがいいよな。僕は19日から25日にしようと思ってたんだけど。

F2： 私はその日にちで大丈夫よ。でも19日から21日まで田舎に帰らないといけないからその日は抜いてね。

F1： 私はその一週間なら予定ないからいつでもいけるわよ。

M ： 僕25日に用事があるんだけど、他の日はいつでもいいよ。

F1： ってことは残りの日で旅行に行けばいいわけね。近いところなら十分行けるわよね。

F2： そうね。

M ： えっ！ 残りの休み旅行に全部使うつもり？

F1： 当たり前でしょ！ それぐらい行かないと十分楽しめないわよ。

🔊 質問1 女の人があとの二人を探した理由は何ですか。

🔊 質問2 三人の旅行の日程はどれですか。

9番 医者と親子が話しています。

M1：今日はどうしましたか？

F ：息子が昨日から熱が出て咳が止まらないんです。

M1：では、口を大きく開けて喉を見せてくれるかな？ あ〜、だいぶ赤いですね。熱を下げる薬出しときますね。

F ：先生、薬飲めば明日には熱も下がりますよね。この子明日運動会だって楽しみにしていたので。

M1：う〜ん、それは何とも言えないですね。注射打っておきますか。薬よりも治りが速いので。

M2：嫌だ。

F ：こら、言うこと聞きなさい。明日の運動会出られなくてもいいの？

M2：嫌だよ〜。

F ：嫌だ嫌だって…。今日病院来るのも嫌だって言ってたじゃない。

M1：ははは。子供はみんなそうですよ。翔太君、痛いけど運動会のために我慢するかい？

M2：うん。

🔊 質問1 息子はこの後、何をしますか。

🔊 質問2 息子が一番嫌がっていることは何ですか？

10番 親子三人が話しています。

M ：お帰り。久しぶりだな、元気してたか？

F1：ただいまぁ〜。うん元気、疲れたぁ〜。この家何でこんなに遠いの？ もう立ってられません〜。

F2：こら、帰って来ていきなりだらしない格好してないで。ご飯食べてきたの？

F1：食べてない〜。お腹すいたぁ〜。でも先にお風呂に入りたい〜。

F2：あなた今年でいくつになるの？ そんなんで本当に一人暮らし、ちゃんとできてるの？ お風呂はまだ沸かしてないから、先にご飯食べなさい。

F1：は〜い。あっ、そうだ。お父さん、はいこれ。父の日のプレゼント。

M ：父の日は先月だろ？ まったくお前らしいな。中身は何だ？

F1：ネクタイだよ。そうだ、私が付けてあげるよ。

M ：ありがとう、でもその前にこの荷物2階に持って行ったらどうだ？ 落ち着かんだろう。

F1：そうだね、服も動きやすいのに着替えてこようっと。

F2：2階に行くの？ 降りてきたらついでに洗濯物入れといてくれる？

F1：帰って来ていきなり？ しかも何のついでなの？ お腹すいたのに。

🔊 質問1 娘が2階ですることは何ですか。

🔊 質問2 娘が今、一番先にしたいことは何ですか。

11番 学生三人が話しています。

F1：可愛い～？

F2：ほんとだぁ、どうしたの、この子。

M ：いやさ、こないだ先輩が引っ越しただろ？ でも、引っ越し先では飼えないって言うからもらったんだ。

F1：そうなんだ、本当に可愛いね。種類は何なの？ この子がいるんだったら、私もここに住みたいかも。

M ：種類は分からないな、道で拾ったらしいから。ところで本当に住むの？ いつから？ いつから住む？

F2：やめときな、確かにこの子は可愛いけど、この家には可愛くない動物もいるでしょう？

F1：そうだねぇ、止めとく。

M ：何だよ、二人して、可愛くない動物って、僕のこと？ 酷いなあ。

F2：冗談、冗談。この子さ、家で飼ってるの？

M ：うん、基本的にはね。でも、たまに外に出してあげるんだ。そしたら自分で勝手に遊びに行って飽きたら帰ってくるよ。

F1：散歩に行かなくていいのは助かるわね。

🔊 質問1 男子学生は先輩から何をもらいましたか。

🔊 質問2 男子学生はなぜ動物を飼うことになったのですか。

問題1

→ 문제 p.64 🎧 64-01

1番 男の人が病院に来ました。男の人は診察を受ける前に初めに何をしなければなりませんか。

M：あの、朝から調子が悪くって診察を受けたいんですが。

F：こちらの病院は初めてですか。

M：はい。

F：では、初めての診察ですので、まずはこの初診カードを記入してください。

M：書き終わったら、どうしたらいいですか。

F：記入が終わりましたら、こちらに持って来てください。その後、この体温計で熱を計っておいて下さい。

M：分かりました。

F：診察カードは診察後にこちらの受付でお渡し致します。

M：はい、分かりました。

🔊 男の人は診察を受ける前に初めに何をしなければなりませんか。

→ 문제 p.64 🎧 64-02

2番 文芸学科研究室の男性職員と、大学図書館の女性職員が電話で話をしています。男性職員は電話の後、何をしますか。

M：はい、文芸学科研究室です。

F：もしもし、学内の図書館のものですが。

M：いつもお世話になっております。もしかして、またでしょうか。

F：はい、そうなんです。今月は文芸学科の学生さんの7人が借りた本を返しに来てません。

M：いつも申し訳ありません。今回はどうしたらいいですか？

F：お手数をお掛けしますが、いつもと同じく、そちらの掲示板に返しに来ていない学生のリストを貼り出して、返すように呼びかけていただけますか？

M：分かりました。リストを作って貼っておきます。

F：あと、今回はもう一つ、田村君なんですが。

M：田村ですか？　まだ返してないんですか？

F：はい、5ヶ月目になりますので、そちらから田村君に電話していただけると助かります。

M：分かりました。あっ！　待ってください。田村、今ここに来てます。捕まえて今からそちらに連れて行きます。

F：そうですか、ありがとうございます。お待ちしております。

🔊 男性職員は電話の後、何をしますか。

➜ 문제 p.65 🎧 65-03 ....

3番　女性が地下鉄の忘れ物受取所にて男性駅員と話をしています。女性の財布はどれですか。

F：すみません。昨日、忘れ物をしたんですが、届いてませんか？
M：何をお忘れになられましたか？
F：財布なんですが、届いてませんでしょうか？
M：お財布ですか、お財布なら、昨日何件かお忘れ物としてお預かりしております。
F：本当ですか？　見せていただけますか？
M：申し訳ございません。規則としてお忘れ物はすぐには、お見せできないんですよ。お忘れになられたお財布の特徴を言っていただけますでしょうか？
F：特徴…ですか。色は黒で、長い財布ではなくて、折りたたみの財布です。
M：他にはありませんか？
F：あとは…あっ右下に一つだけ花のイラストがあります。
M：こちらですか？
F：そうです、これです。ありがとうございます。

🔊 女性の財布はどれですか。

➜ 문제 p.65 🎧 65-04 ....

4番　夫と妻が新しい車の雑誌を見ています。二人はどの車を買いますか。

F：新しい車、どうする？

M：そうだな、僕はやっぱりこのスポーツカーがいいな。

F：スポーツカーって、二人乗りじゃないの？ うちは四人家族よ。そんな意味のない車買いません。

M：言ってみただけだよ。君はどんなのがいいんだよ。

F：そうねぇ、やっぱり車なんだから、沢山人が乗れる方が便利なんじゃない？ 今の車小さくて運転しやすいからいいけど、四人乗りだからお客さんが来た時とか不便だなって思うもの。

M：そっか、じゃあ、いっそバスぐらい大きな車にするか？

F：ふざけないで、ちゃんと考えてよ。

M：分かった、分かった。じゃあ、これなんかどう？ 六人乗りにしては小さめだし、運転もしやすそうで、いいんじゃないかな？

F：そうね、これいいわね。

🔊 二人はどの車を買いますか。

→ 문제 p.66 🎧 66-05

5番 男子部員と女子部員が新しいユニホームについて話しています。二人はどんなユニホームを作ることに決めましたか。

M：新しいユニホームだけど、みんなの意見はどうだった？

F：うん、上は今のユニホームみたいに袖がない方がいいって意見と、袖がある方がいいって意見があるの。

M：そっか、ズボンはどう？

F：ズボンの方は、今の短いのよりも膝下ぐらいの長いのがいいって意見が多かったよ。

M：うん、僕もズボンはその方がいいな。あとは上かぁ。どうしようか？

F：そうね、それなんだけど、今と同じ袖なしのを作って、袖ありがいい人は中にシャツを着たらいいんじゃない？

M：そうだね、じゃあ、新しいユニホームの、上は今と同じ形にしよう。

🔊 二人はどんなユニホームを作ることにしましたか。

→ 문제 p.67 🎧 67-01 ⋯⋯⋯⋯⋯⋯⋯⋯⋯⋯⋯⋯⋯⋯⋯⋯⋯⋯⋯⋯⋯⋯⋯⋯⋯⋯⋯⋯⋯⋯⋯⋯

1番 高校で男の子と女の子が話しています。女の子はなぜ笑っているのですか。

M：さっきから何がおかしいんだよ？

F：いや、だってさ。今日一日気づいてないからさ。

M：何だよ、僕の顔に何かついてる？ 昨日切った髪が変なのか？

F：ついてないし、変じゃないよ。

M：じゃあ、何で笑ってんだよ。

F：だって服が…。

M：服？ 何だよ、いつもと一緒じゃないか。別に汚れてもないぜ。

F：そうだね。でもね、今日から夏服だよ、気づかない？ 君だけだよ、今冬服着てるの。

M：あっ。

🔊 女の子はなぜ笑っているのですか。

→ 문제 p.67 🎧 67-02 ⋯⋯⋯⋯⋯⋯⋯⋯⋯⋯⋯⋯⋯⋯⋯⋯⋯⋯⋯⋯⋯⋯⋯⋯⋯⋯⋯⋯⋯⋯⋯⋯

2番 大学生と先生が話しています。どうして学生は先週宿題を提出しなかったのですか。

M1：先生、すみません。この宿題、まだ受け取っていただけますか？

M2：ん？ これは先週提出のはずだろう？ どうして今頃提出するんだ？ 先週、体の調子でも悪かったのか？

M1：いえ。

M2：じゃあ、先週私の授業を休んだんだろう。

M1：いえ、ちゃんと出席してました。

M2：じゃあ、何でその時提出しなかったんだ。

M1：すみません。提出期限を今日までだと勘違いしてまして、先週はまだできてなかったんです。

M2：そうか、今回だけは受け取るが、次はないからな。今後は気をつけるんだぞ。

M1：はい、気をつけます。ありがとうございます！

🔊 どうして学生は先週宿題を提出できなかったのですか。

→ 문제 p.68 🎧 68-03

3番 大学で男子学生と女子学生が話しています。どうして女子学生は会社に入らなかったのですか。

M：会社決まったんだって？　良かったね、おめでとう。

F：うん、それがさ、断っちゃった。

M：えっ？　何で？　今の時代、ただでさえ就職が決まるのって難しいのに、もったいないことするなあ。僕も決まってないし、他の友達もみんなまだ決まってないんだよ。どうして？　給料が安かったとか？

F：ううん、給料はそれなりにもらえるし、いい会社だっだから私も初めは就職が決まって嬉しかったんだけど、よく考えてみたら、会社に入って何がしたいとかが全くなかったのよ。これじゃ、会社に入っても長く続かないんじゃないかって思って。

M：へえ、じゃあ、どうするの？　違う会社を受けるの？

F：ううん、受けないよ。今の私はどの会社に決まっても駄目だと思う。だから、就職するんじゃなくて留学することにしたの。勉強を続けながら、自分のやりたいことを真剣に探してみようと思う。

M：そっか、君らしくていいね。応援するよ。

🔊 どうして女子学生は会社に入らなかったのですか。

→ 문제 p.68 🎧 68-04

4番 男の人と女の人が話しています。男の人はどうして、待ちあわせに遅れたのですか。

F：ちょっと！　今何時だと思ってるのよ！

M：ごめんごめん。これには事情があって。

F：事情？　どうせ、また寝坊でしょ。

M：違うよ、今日はちゃんと間に合うように早起きしたし、家も早めに出たんだよ。本当だよ！

F：じゃあ、なんで遅刻するのよ。おかしいじゃない。

M：いや、それがさ、ここに来る途中の電車を乗り間違えちゃってさ、しかも今日早起きしたたろ？　だから眠たくって、電車を間違たのに気付かないまま寝ちゃったんだ。起きたら全然知らない駅で、慌てたよ。それから急いで来たんだけど…。

F：あなたって人は…。怒る気にもなれないわね。次から待ちあわせは、あなたの家の前に
　　しましょう。

🔊 男の人はどうして、待ちあわせに遅れたのですか。

→ 문제 p.69 🎧 69-05

5番　会社で男性社員と女子社員が話しています。女子社員はどうして手にメモを取ってい
　　たのですか。

M：なぁ、前から気になってたんだけどさ、手のそれ何？
F：ん？何ってメモだよ。コピー三十枚二時までに第三会議室。
M：いや、それは、見たら分かるよ。それぐらい覚えられないの？
F：うん、つい忘れちゃうから。
M：それにしたって手に書くことないだろ？紙に書くとか、メモ用紙なかったのか？
F：ううん、あるよ、メモ用紙。
M：じゃあ、何で使わないんだよ。
F：だって、メモした紙失くしちゃうんだもん。手に書いてれば、忘れないし、失くさない
　　じゃない？だから手に書くの。
M：そっか、でも、手に書いてたらお客さんが来た時恥ずかしいじゃん。
F：そうねぇ。でも忘れたら大変でしょ。
M：まったく、じゃあ、これあげるよ。これシールになってるから、次からこれに書いて。
　　絶対目に入るから。そうだな、パソコンにでも貼っときなよ。

🔊 女子社員はどうして手にメモを取っていたのですか。

→ 문제 p.69 🎧 69-06

6番　母と息子が夕食について話しています。なぜ今日のカレーはいつもと材料が違うので
　　すか。

M：お母さん、今日のカレーはエビが入ってるんだね。
F：そうよ、どう？いつもは豚肉じゃない？たまにはエビとかも美味しいでしょ。
M：うん、エビも美味しいよ。でも、何でエビなの？鶏肉とかのほうが食べたかったな、
　　売ってなかったの？

F：これね、買ったんじゃないの。隣の山田さんから頂いたのよ。

M：そうなんだぁ。

F：山田さんの親戚の方、漁師なんだって。それで、今エビが沢山取れるらしくって送られてきたらしいのよ。さっきまで生きてたのよ、新鮮だから。美味しいでしょう？

M：そうなんだ、美味しいね。そういえば、こないだテレビで漁師の人がエビでカレー作ってるの見てとっても美味しそうだったんだ。食べられて嬉しいな。

🔊 なぜ今日のカレーはいつもと材料が違うのですか。

➡ 문제 p.70　🎧 70-01 ....

1番　先生が話しています。

M：人から言われたことを聞き間違えてしまうことってありますよね。そんな時、話している相手の話し方のせいにしてしまう人や、耳の病気ではないかと思って病院に行かれる人もいます。しかし、この聞き間違いの多くは聞いている本人の「聞く姿勢」や「集中力」に問題があります。人はいつも多くの音を聞いて生活していますが、雑音と呼ばれる音はほとんど気になりませんよね。それは、耳から入った音が頭の中で一瞬の内に「必要のない音」として処理されるからなのです。人の話を聞く時もそうです。耳から入った音が頭の中に入って、意味のある「言葉」として処理されます。しかし、それにはまず、「聞こう」という気持ちがないと、言葉は頭の中でただの音となってしまい、聞き間違えてしまうのです。

🔊 何に関する話ですか。
　　1．耳の病気についての話
　　2．上手な話し方についての話
　　3．聞き間違えの原因の話
　　4．日常の雑音の話

2番　専門家が話しています。

F：「花見」とは主に桜などの花を観賞し、春の訪れを感じ、楽しむことを言いますが、多くの場合、桜の木の下で行われる宴会のことを指します。桜は日本を代表する植物の一つです。日本全国でその花は春の一時期、その地域ごとに一斉に咲き、わずか二週間足らずで散ってしまうため、毎年人々に強い印象を残し、春に対する季節感を作り出しています。その花の美しさは、しばしば人の命にも例えられるほどです。そのためか、「桜は人を狂わせる」と言われ、実際花見の席では、しばしば喧嘩などの騒ぎが起ります。その一方で花を見ながら飲む酒は「花見酒」と呼ばれ、上品な文化として古くから楽しまれています。

🔊 専門家は「花見」とは何だと言っていますか。
1．花を見ながら飲む酒のこと
2．日本を代表する植物である桜のこと
3．日本全国で一斉に花が咲き出す時期のこと
4．花を観賞して春の訪れを感じ楽しむこと

3番　男性が話しています。

M：毎朝の通勤、もともと田舎育ちの私は、満員の電車が嫌で仕方ありませんでした。ならば、都会に住むなと言われれば返す言葉もなく、仕方なく満員の人の中、押し潰されながら電車に乗っていたのですが、ある日突然我慢の限界が来てしまいました。私の家から会社まで12キロ、どうしたものかと考えた時、ふと思い出したのです。12キロ、そういえば高校生だった頃、家から高校までが確かそれぐらいの距離、あの田舎でその距離に電車を使っていただろうか？ いや、使っていない。そうだ「自転車」だ！ それがきっかけでした。昔買った自転車を綺麗に整備し、その日から私の「自転車通勤」が始まりました。家から会社までは約40分、なんと電車よりも少し早く会社に着きます。しかも84キロあった体重が64キロに減りました。みなさんも一度「自転車通勤」考えてみてはいかがですか？

🔊 男性は何をすすめていますか。

1.電車通勤　　　　　　　2.自転車通勤

3.自転車の整備　　　　　4.自転車ダイエット

→ 문제 p.70 🎧 70-04

4番　女性が新商品の説明をしています。

F：来月わが社から新しい皿うどんが発売されます。この新商品は、めんは皿うどんに適した材料の粉を使い、植物脂のみで揚げました。めんはそのまま食べられます。スープは液体スープと粉スープの二つ使用としました。皿うどんでの液体スープと粉スープの二つの使用は、わが社では初めてです。液体スープは魚と貝類を中心としたスープで、粉スープは野菜と肉を中心としたスープです。スープの見た目も本物と同じように白く濁った色になるように開発しました。また、別にもう一つソースも付けてあります。これはお客様のお好みに応じてかけて食べていただけます。この商品は香が良くしっかりとした味で、お店で食べる皿うどんと変わらぬ味が、お家で簡単に食べられるという、わが社の自慢の新商品です。一度ぜひ食べてみてください。

🔊 この会社で初めてのことは何ですか。

1．二つのスープの使用

2．本物と同じ白く濁った色

3．別にかけられるもう一つのソース

4．そのまま食べられるめん

→ 문제 p.70 🎧 70-05

5番　社長が演説しています。

M：この会社が出来て今年で25年になるが、我々は目の前の利益よりも、お客様との関係づくりを大切にし、今まで順調に成長を続けてきた。今やこの仕事の分野において、わが社はトップクラスであろう。しかし、この変化の激しい現代において、いつ状況が変わるかは分からない。現に最近、今まで我々の分野には関係のなかった家具販売店までもが、我々の分野に入り込んできた。これから、ますます競争が激しくなることは間違いないだろう。その中で勝ち残るための重要な点は、営業の力だと私は思う。そこで、これからもトップクラスであり続けるために、これからは営業に力を入れていく方針だ。君達にはそのつもりでこれからも頑張ってもらいたい。

◀ これからは何が重要だと言っていますか。
　　1. 激しい変化
　　2. 家具販売店
　　3. 営業の力
　　4. 目の前の利益

→ 문제 p.71　🎧 71-01~12 ‥‥‥‥‥‥‥‥‥‥‥‥‥‥‥‥‥‥‥‥‥‥‥‥‥‥‥‥‥‥‥‥‥

1番　F：あれ？ この店、前からここにあったっけ？　　　　🎧 71-01

　　　M：1. この先を曲がって右にあるよ。
　　　　　2. 本当だ、全然気が付かなかった。
　　　　　3. 八時に開くんだって。

2番　M：昨日の映画、面白かった？　　　　🎧 71-02

　　　F：1. 期待したほどではなかったな。
　　　　　2. 面白そうだね。
　　　　　3. おいしかったよ。

3番　F：ちょっと、寒いから窓閉めてくれない？　　　　🎧 71-03

　　　M：1. なかなか開かないよ。
　　　　　2. 風邪ひいたんだから、だめだよ。
　　　　　3. 君のほうが窓に近いじゃないか。

4番　M：明日の会議は君、出るんだっけ？　　　　🎧 71-04

　　　F：1. 私、今回は出ません。
　　　　　2. お茶は八人分でいいですか？
　　　　　3. 資料はできてます。

5番　F：車乗っていたの誰？ 今日使いたかったのに。　　🎧71-05

　　　M：1. ごめん、昨日乗ったんだ。

　　　　 2. たまには歩いて行けよ。

　　　　 3. 新車だろ？ 高かったんじゃない？

6番　M：ごめん、聞いてなかった。 もう一回言ってくれない？　　🎧71-06

　　　F：1. ちゃんとこっち向いててよ。

　　　　 2. 何も言ってないよ。

　　　　 3. そんなこと言ったっけ。

7番　F：コーヒー飲みたい人いる？　　🎧71-07

　　　M：1. あったかいのなら。

　　　　 2. コーヒーは甘いほうが美味しいよね。

　　　　 3. 新しいコーヒー豆買ったんだ。

8番　M：宿題やり忘れたから怒られたよ。　　🎧71-08

　　　F：1. 先生が来る前に宿題見せて。

　　　　 2. 昨日頑張ってやったのに。

　　　　 3. 次はちゃんとやりなさいよ。

9番　F：検査の時は上の服は脱いでお入りください。　　🎧71-09

　　　M：1. 入院の手続きはどこに行けばいいんでしょうか？

　　　　 2. 今日は暑いですからね。

　　　　 3. 中に持って入るんですか？

10番　M：このパソコン、使ってもいいですか？　　🎧71-10

　　　F：1. ご自由にどうぞ。

　　　　 2. パソコン、お詳しいんですね。

　　　　 3. このパソコンは三十万円ですね。

11番　F：もうすぐ閉まりますので、本を借りられるならお早めにお願いします。

　　　M：1. 何時に開くんですか？

　　　　 2. 今日は借りませんので。

　　　　 3. お断りします。

71-11

12番　F：二つ買われるとジュースが付きますが、いかがでしょう？

　　　M：1. 一つでいいです。

　　　　 2. ジュースを付けてください。

　　　　 3. ええ？　二つしか買えないんですか？

71-12

問題5

→ 문제 p.72　72-01 ....

1番　男女3人が話しています。

M　：何それ？　チケット？

F1：うん、クラシックのコンサートのチケット。あっそうだ、安田行かない？　私、行けな
　　くなっちゃってさ、チケットもったいなくって。

M　：そうなんだぁ。でもさ、クラシックとか、全然興味ないんだよ。絶対寝るよ、そうい
　　うの全く駄目。違うチケットないの？　野球とか、サッカーとかさ。

F1：ないわよ。あぁ〜聞く相手を間違えたわ。安田は家で野球でもサッカーでも見てなさ
　　いよ。あっ綾子！　ちょうど良かった。綾子、これ行かない？　クラシックのコンサー
　　トなんだけど。

F2：えっ？　いいの？　私これ行きたかったんだ。有名な演奏者が来るやつでしょ。でも、
　　このチケット高いんじゃない？　もらっちゃっていいの？

F1：いいの、いいの、私も人にただでもらったのよ。どうせ私行けないんだし、無駄にな
　　ったらもったいないじゃない？　あっ、それとこのチケットさ、特別チケットらしくっ
　　て、行ったらワインを1本もらえるらしいんだ。

F2：そうなんだ、凄いじゃない！　行かせてもらう。ありがとうね、じゃね。

M　：綾子行くんだ。じゃあ、僕も行く。チケットちょうだい。

F1：さっき、行かないって言ったくせに、綾子が行くからでしょ。

M　：違うよ、ワインもらえるんだろ。

◀)) なぜ男性はチケットをもらったのですか。

  1. 有名な演奏者が来るから

  2. ワインがもらえるから

  3. ただでもらえるから

  4. 綾子が行くから

→ 문제 p.72 🎧 72-02 ···

2番 男女3人が話しています。

F ：おはよう、高田君スーツ似合ってるね。鈴木は何でジーンズなの？

M1：嫌なやつだな、僕は卒業できないんだよ。単位が二単位だけ足らなくってさ、知ってるくせに。今日は見送りに来たんだよ、見送りに。

M2：加奈こそなんでスーツなの？ 卒業式は着物かドレスだって言ってたじゃないか。どっち着てくるのか期待してたのに。

F ：着物かドレスか凄く迷ってさ。ドレスなら、これから結婚式とか呼ばれた時に着ていけるなって思ったの、だからドレスにしたんだけど。

M2：じゃあ、何で着て来なかったの？

M1：あれじゃないか？ ドレスを買ってから、いっぱい食べて太っちゃって、いざ着ようとしたら入らなかったとか！ いや待てよ、違う、分かった、破れたんだ！

F ：そんな訳ないでしょ。昨日急に、明日の朝面接させてくれないかって就職を希望してる会社から電話があって、今日の朝面接に行ってきたの。ドレスは持ってきてるよ、今から更衣室で着替えてくるから、二人は先行ってて。

M1：分かった。

◀)) 女子学生はなぜドレスにしたのですか。

  1. 着物は着るのが大変だから

  2. 結婚式などこれからも着られるから

  3. 朝、会社の面接に行くことになったから

  4. 単位が足りず卒業できないから

3番　両親と娘が話しています。

F1：あなた、お待たせしました。

M ：何でこんなに遅かったんだ？

F2：お父さん聞いてよ、トイレすっごく混んでたんだよ。

F1：今日は日曜日だから人が多いのは仕方がないわよ。それでもこのデパートはトイレの
　　数が多いから、早く入れたほうじゃない？ そんなことよりお父さんに言わなくていい
　　の？

M ：なんだ？ お父さんに言いたいことがあるのか？

F2：うん…あのね、トイレから出てここに来る途中にペットショップがあったの。そこに
　　いた赤ちゃんの犬がね、ものすっごく可愛かったの！

F1：この子ったら、ペットショップの前で動かなくなるんですもの。

M ：そうか、だから遅かったのか。まあ飼うかどうかは別として、一度その店に行ってみ
　　ようか。

🔊 質問1　なぜトイレは混んでいたのですか。

🔊 質問2　三人がこれから行くところはどこですか。

問題 1

→ 문제 p.76 🎧 76-01 ……………………………………………………………………

1番　会社で女性二人がデートのお店について話しています。セットメニューには何が付いていますか。

F1：今週末、彼とデートなんですが、この近くでどこかおいしいお店があれば、教えてもらえますか？

F2：う～ん、それなら、ほしぞら銀行の隣にあるイタリア料理のお店はどう？ メニューも豊富だし、値段もそれほど高くないと思うよ。サラダ、パスタ、デザート、飲み物が付いて1,200円で食べられるセットメニューもあるし。それにお店の雰囲気がとてもいいので楽しめると思うよ。

F1：いいですね！ 1,200円でサラダとパスタと飲み物だけでなくてデザートも付いているんですね！ お店の営業時間は何時から何時までですか？ それと、お店の予約は必要ですか？

F2：たしか、17時～23時までだったと思うよ。後でお店に確認してみようか。

F1：私が後で電話してみますので、大丈夫ですよ。いいお店が見つかってよかったです。

🔊 セットメニューには何が付いていますか？

→ 문제 p.76 🎧 76-02 ……………………………………………………………………

2番　男性二人が旅行について話しています。二人が行こうとしている旅行先はどこですか。

M1：来月の連休あたりに海外旅行に行こうと思ってるんだ。

M2：いいな。どこに行くの？

M1：本当は、アメリカやヨーロッパに行きたかったんだけど、この前、車を買ったばかりだからあまりお金が使えなくて…、でも旅行には行きたいからタイに行くことにしたんだ。タイなら日本からもそんなに遠くないし、物価も安いし、おいしい食べ物や観光地が沢山あるからいいなと思って。たまたま本屋で見てたガイドブックが面白くて行ってみたくなったんだ。

M2：でもタイ料理はものすごく辛いって聞いたけど、食べられる？

M1：僕はもともと辛い物は好きだから平気だよ。

M2：ところで、旅行は誰と一緒に行く予定？

M1：同じ課の同僚と一緒に行こうと思ってるけど、君も一緒に行く？　金曜日、仕事が終わってから旅行会社に行く予定だから一緒に行こうよ。

M2：いいね。でも先に上司に相談してからでないと休暇がとれないから、まずは相談してみるよ。今週中には返事できると思うから。

M1：わかった。今週の金曜までには連絡してね。

◀） 二人が行こうとしている旅行先はどこですか。

→ 문제 p.77 🎧 77-03 ··

3番　女の子二人が文具店で手帳を選んでいます。女の子はどの手帳を買いますか。

F1：この４つの中でどれが一番かわいいかな？

F2：どれ？　見せて。私が選んであげるよ。

F1：１つめはハートで女の子っぽい感じ、２つめはストライプで少し大人っぽい感じ、そして、３つめはいろんな色の水玉模様、４つめは無地だけど色の種類が豊富なの…、どれがいいか迷ってて。

F2：私ならハートかな。中もハートの模様が入っているし、とってもかわいいと思うよ。

F1：ストライプはどう思う？

F2：これだと大人っぽい感じでいいけど、シンプルすぎてすぐに飽きそう。水玉模様もかわいいけど、ハートの方がもっとかわいいよ。１つめの手帳にすればいいんじゃない？

F1：うん。そうするわ。これください。

◀） 女の子はどの手帳を買いますか。

➜ 문제 p.77 🎧 77-04

4番　女の子と男の子が教室で女の子の電子辞書を探しています。女の子の電子辞書はどれ
　　　ですか。

　　F：私の電子辞書見なかった？　さっき友達に貸してあげてて、友達が机の上に置いておく
　　　　と言ってたんだけど、ないの。

　　M：どんな電子辞書なの？

　　F：真ん中に花のシールが貼ってあるんだけど。

　　M：これは違うかな？　花のシールが貼ってあるよ。

　　F：これは同じシールだけれど、残念ながら色が違うわ。

　　M：何色の電子辞書なの？

　　F：全体が白色で、真ん中に1つシールが貼ってあるんだ。

　　M：これは違うかな？

　　F：あっ。これだわ。見つけてくれてありがとう。

　🔊 女の子の電子辞書はどれですか。

➜ 문제 p.78 🎧 78-05

5番　女の子二人が友達のお見舞いに持って行くものについて話しています。二人はお見舞
　　　いに何を持って行きますか。

　　F1：今週末、友達のお見舞いに行かないといけないんだけど、何を持って行ったらいいか
　　　　な？

　　F2：一般的なのは果物だけど、ジュースやプリンとかでもいいんじゃない？

　　F1：果物もいいなと思ったけど、友達はプリンが大好きだからプリンにしようかな？

　　F2：いいんじゃない。あと、漫画とかも持って行くと喜んでもらえると思うよ。

　　F1：なるほど。漫画ね。それなら、スラムジャンプの漫画を買って持って行こうかな？

　　F2：いいと思うよ。スラムジャンプなら内容も面白いから、病院にいても退屈しなくて
　　　　ちょうどいいんじゃない？

　　F1：うん。じゃぁ、お見舞いに持って行くものを一緒に買いに行こう。

　🔊 二人はお見舞いに何を持って行きますか。

→ 문제 p.79 🎧 79-01

1番 男性と女性が話しています。先週、男性はなぜ財布をなくしたのですか。

M：あっ、財布がない。またなくしちゃったよ。ほんとについてないや。

F：え？また財布なくしたの？ほんとによくなくすわね～。

M：俺だって好きでなくしてるわけじゃないんだよ。最近仕事が忙しくて少しストレスが溜まってたんだ。それで気晴らしに先週は同僚と飲んでて、駅降りてから近所の公園で少し休もうとベンチに寝転んだら、いつの間にか寝てしまってて、気づいたら財布がなかったんだ。

F：飲みすぎるから駄目なんじゃない？しかもまたお酒が原因なんだね～。ほんとに呆れるわ。それで今日はどこでなくしたの？

M：朝、自動販売機でコーヒー買った時はあったんだよ。それで、さっきお昼ご飯食べに行った時はお金払ったからあったんだけど…あっ。

F：なに？思い出したの？

M：うん。さっきお店のおじさんと株の話してたら話に夢中になってしまって椅子に置いてたのを忘れてたよ。ちょっと見てくる。

F：ほんとによくなくすわね～。

🔊 先週、男性はなぜ財布をなくしたのですか。

→ 문제 p.79 🎧 79-02

2番 男性と女性が話しています。女性はなぜ新しい携帯電話を買ったのですか。

M：それ、新しい携帯電話じゃない？いつ買ったの？

F：かわいいでしょ。先週出たばかりの新商品なの。昨日、会社の帰りに買いに行ったの。

M：でも、前に買い替えてからまだそんなに経ってなかったよね。まだ半年ぐらいしか経ってないんじゃない？

F：前の携帯電話はたまたま会社で嫌いな人と同じ機種だったから変更したんだけど。

M：まさか今回も？

F：今回は違うよ。前使っていたのも良かったんだけれど、この前、駅のホームでついうっかり落としてしまって、角に大きな傷がついてしまったの。ちょうど欲しい携帯もあったし、思い切って新しいのを買おうと思って。

M：傷だけの理由で新品購入？ お金持ちだね。僕の携帯電話なんてもう傷だらけだよ。

F：だって気に入ってる携帯電話に傷がついたら嫌でしょ？ あなたも新しいの買ったら？

M：僕はいいよ。給料前でお金ないからまた今度にするよ。

🔊 女性はなぜ新しい携帯電話を買ったのですか。

➜ 문제 p.80 🎧 80-03 ....

3番 コーヒーショップで男の人と女の人が話しています。男の人がアルバイトを辞めよう
と思った一番の理由は何ですか。

M：僕、今月末でアルバイトを辞めようと思うんだ。

F：急にどうしたの？ 何か理由があるの？

M：アルバイトだと将来が不安だから、そろそろまじめに就職活動しようと思って。それに
同じ年の友達もみんな就職してるから遊べる時間も合わなくて。

F：就職活動ならアルバイトしながらでもできるじゃない？ なのに急に辞めるって何か他
に大きな理由があるんじゃない？

M：実は、アルバイト先にすごく好きな女の子がいて告白してみたんだれど、見事に振ら
れてしまって、何だか一緒に働くのが気まずくて。

F：なるほどね〜。ってそれが一番の理由だったとはちょっと驚きだわ。

M：この話は他の人には内緒だよ。

🔊 男の人がアルバイトを辞めようと思った一番の理由は何ですか。

➜ 문제 p.80 🎧 80-04 ....

4番 男の人が食堂のおばさんと話しています。なぜ男の人は怒ったのですか。

M：すみません。さっき注文した、からあげセットがまだ来ないんだけど…。

F：今作ってますので、少々お待ちください。

M：急いでるのでなるべく速くしてもらえるかな？ 早く食べないと次の会議に間に合わな
くなるんだよ。

F：はい、分かりました。急ぎますので少々お待ちください。

M：今日はなんでこんなに時間がかかるんだ？ 後5分ぐらいしか待てないのに。

F：大変お待たせしました。

M：ん？ 何だこれは？ ちょっと、味噌汁に髪の毛が入ってるじゃないか…。

F：え？ 本当ですか？ では新しいものとお取り替えしますので、あと５分程度お待ちいた
　だけますか。

M：おばさん、時間ないからもういいよ。 ３０分も待ってこれだとお客がどんどん減るよ。

F：お客様、本当に申し訳ございません。 お代金は結構ですので。

M：当たり前だろ。

🔊 なぜ男の人は怒ったのですか。

➡ 문제 p.81　🎧 81-05

5番　男子学生と女子学生が話しています。 男子学生はなぜ最近眠れないと言っていますか。

M：なあ、ミク「眠れずの森」ってドラマ見てた？ 僕最近一生懸命バイトしてパソコン買
　ってさ。

F：へぇ〜、それは分かったけど、なんか顔色悪いよ、体調でも悪いの？

M：いやぁ、最近眠れなくて。

F：何で？ 皆で旅行に行った時とか一人バカみたいに直ぐ寝てたくせに。

M：バカみたいにって、お前…。 いやさ、最近ちょっと事情があって。

F：事情？ 賢治らしくないじゃない。 悩み事でもあるの？ あるんだったら相談にのるよ。

M：いや、悩みでは…。

F：あっ分かった。 単位のことでしょう。 そういえば賢治４年の今になってまだ２５単位残
　ってるって言ってたもんね？ それで、卒業できるか悩んで眠れないんでしょう。

M：いや、まぁそれは悩んではいるんだけど。 男らしく諦めたというか。 眠れないのはそ
　の、最初に言ったあれだよあれ。「眠れずの」…。

F：まさか、あんた！ 本当にどうしようもないわね、心配して損した。

🔊 男子学生はなぜ最近眠れないと言っていますか。

➡ 문제 p.81　🎧 81-06

6番　夫婦が話しています。 夫は妻の料理の仕方のどういうところが一番悪いと言っていま
　すか。

M：ん～これはまた…凄いなぁ。

F：ええ？ そんなはずないわよ。今日はちゃんとお隣の木村さんにレシピもらってその通り作ったのよ。

M：そうかぁ、じゃあ、お隣はいつもこの味なのかな？ とりあえず君も一回食べてみなよ。

F：そんなはずは、んっ？ 本当だ、味が無い。やっぱり追加で入れた水が多かったのかな？

M：君、木村さんのレシピ通り作ったんじゃなかったの？

F：うん…、レシピ通りというか、煮込んでいる途中で水が少なくなっちゃって、追加で入れた…かな？ でも入れたのはほんの少しよ。

M：本当に少し？

F：う～ん、まぁ、お鍋いっぱいくらい？

M：少しじゃないじゃないか、そこだろう。まったく君は、何で書いてもらった通りに作らないんだよ。というかその前に、こうやって出す前に一度も味を確かめないのがもっと悪いな。

F：ごめんなさい。

🔊 夫は妻の料理の仕方のどういうところが一番悪いと言っていますか。

→ 문제 p.82 🎧 82-01 ···

1番 女子学生が授業中に発表しています。

F：皆さん、人前でスピーチする時緊張しますか？ 私は人前でスピーチをする時とても緊張します。特に、突然スピーチを頼まれた時は、心臓の動きが速くなったり声が震えたりしていました。そこで、私はスピーチをする時に緊張しない方法を考えました。まず、前から準備する時間がある時は、しっかり準備をすることです。例えば話すことを紙に書いて、何度も繰り返し読むなどです。また、周りの人に聞いてもらって感想を聞くこともいい方法だと思います。しかし、突然のスピーチで準備ができない場合も多いと思います。その時は緊張している自分を認めてあげることが大切になってきます。皆さんも発表する時一度試してみてください。

🔊 女子学生が話している内容はどれですか。
1．スピーチの前の準備の必要性

2．スピーチの大切さ

3．スピーチの時に緊張しない方法

4．スピーチ後の体の状態

→ 문제 p.82 🎧 82-02 ....

2番 テレビでジャーナリストが話しています。

M：「才能」というと、皆さんはどんなことを想像しますか？ 歌が得意な人や絵のうまい人
などいろいろな「才能」がありますが、私は一流の人物には、分野を超えて共通した才
能があると思います。それは何かと言うと、常によくなろうと努力するという才能、何
があっても諦めないという才能、自分だけでなく、たくさんの人の幸せを願えるという
才能です。私が言う一流の人物とは、「人間って素晴らしいな」と感じさせてくれる人の
ことを言うのでこれらの才能は気持ち次第で身につけることができます。まだ自分の才
能がよく分からない人も多いと思いますが、才能がないと急いで考えないようにしてく
ださい。意外なところに才能が隠れている場合が多いからです。

🔊 一流の人物に共通した才能でないものはどれですか。

1．自分が持っていない才能を身につける才能

2．他の人の幸せを願える才能

3．最後まで諦めない才能

4．常に努力をする才能

→ 문제 p.82 🎧 82-03 ....

3番 ニュースでアナウンサーが話しています。

F：次のニュースです。ある研究チームがお茶を一日2杯以上飲む人が、一週間に3杯
以下の人に比べて認知障害になりにくいということを発表しました。認知障害とは自
分が経験したことや、時間と場所、最後には友達や家族の名前も分からなくなる頭の中
の病気です。お茶は子供から高齢の方まで簡単に飲めるものなので、家庭でも積極的に
取り入れていけば効果が現れてくると思います。また、お茶だけではなく認知障害にな
らないためにはバランスのよい食事や禁煙など、生活習慣を変えることも大切なことで
す。では、次のニュースにいきたいと思います。

🔊 このニュースにタイトルをつけるとしたらどれですか。
　　1．お茶が認知障害を予防する！
　　2．頭の中の病気で一番怖いのが認知障害だ！
　　3．お茶は年齢を問わず飲みやすい飲み物だ！
　　4．生活習慣を変えることで頭の中がすっきりする！

→ 문제 p.82　🎧 82-04

4番　先生が講義で話しています。

M：人間の性格というのは簡単に変えることはできません。しかし、悪い面を見ないように
してそのまま過ごすのではなく、よくないところを変えようとする努力は必要だと思
います。努力しなくてはいけない性格の一つにだらしない性格があると思います。特に
家事にだらしない人は洗濯や掃除ができず、全て山のように重ねてしまう傾向にありま
す。その後はそれをどう処理していいか分からず何もしないまま逃げてしまいます。
一人で暮らしている人なら他の人に迷惑はかからないのですが、家族と住んでいる人は
家族に大きな負担をかけることになります。このような場合には急にとは言いません
が、少しずつ改善していけるように努力すべきです。

🔊 先生の考えはどれですか。
　　1．家事にだらしない人は他のことに対してもだらしない。
　　2．人間の性格を変えるのはとても簡単だ。
　　3．自分の悪いところを知らないふりをしつづけることはよくない。
　　4．だらしない性格の人は家族と一緒に暮らしてはいけない。

→ 문제 p.82　🎧 82-05

5番　男性が話しています。

M：心を想像すること、みんなそれができればどれだけの争いがなくなるのだろうか。私だ
ってそう、あの時なんでもっと友達の心を想像しなかったのだろう。もっと想像してい
ればもっと仲良くなれたはずなのに。あの時なんで、もっとお母さんの心を想像しなか
ったのだろう。想像していればあんな酷い事は言えたはずなかっただろうに。私がいつ
も想像すること、それは自分の心ばかりで、私は一つの心で世界を見る。もっと友人の

心を想像し、母親の心を想像し、新聞や、ニュースそれらを見て、聞いて、酷いことをされた人の心を想像し、酷いことをした人の心を想像する。犬にも心があると想像し、草木にも、建物にも心があると想像する。沢山の心を想像し、沢山の心で世界を見る。世界中の人が一人残らずこんな風に世界を見た時、世界で起こる争いが一つ残らず無くなっていくだろうと私は思う。

🔊 男性が話している内容と合っているものはどれですか。

1. 世界中の人は他人の心を想像することができる。
2. 建物にも心があると想像できるようになった。
3. 自分以外の心を想像せずに後悔したことがある。
4. 世界が平和になるように努力していきたい。

問題4

→ 문제 p.83 🎧 83-01~12

1番　F：今日、朝からずっとくしゃみしてるけど、大丈夫？　🎧 83-01

　　　M：1. うん…、風邪ひいたかも。
　　　　　2. うん…、息を止めて水を飲んでみるよ。
　　　　　3. うん…、睡眠不足だからかな。

2番　M：どうして急に会社を辞めるなんて言うんだ？　🎧 83-02

　　　F：1. ここでの仕事がとても楽しいからです。
　　　　　2. 私、会社をそんな風に考えたことはありません。
　　　　　3. 母が倒れて看病しなければならなくなったんです。

3番　F：こんなにたくさんお土産をいただいていいんですか？　🎧 83-03

　　　M：1. もちろんです、いつもお世話しているので。
　　　　　2. 少しだけいただいてくれれば、嬉しいです。
　　　　　3. 感謝の気持ちなので、受け取ってください。

4番　M：山下さんの職場はどこにありますか？　　　　　🎧 83-04

　　　F：1．工場です。

　　　　　2．医者です。

　　　　　3．大阪です。

5番　M：今日の晩ご飯、何でこんなにおかずが少ないんだ？　🎧 83-05

　　　F：1．何？　二人で食べるの嫌なの？

　　　　　2．ごめん、買い物に行くの忘れてて。

　　　　　3．みんな遊びに行っちゃったのよ。

6番　M：あの〜、山本さんにお聞きしたいことがあるのですが。　🎧 83-06

　　　F：1．はい、何でしょうか。

　　　　　2．はい、どこでしょうか。

　　　　　3．はい、誰にでしょうか。

7番　F：川本君っていつも虫の図鑑を読んでるね。　🎧 83-07

　　　M：1．将来本屋を開くための準備なんだ。

　　　　　2．他にやることがいっぱいあってね。

　　　　　3．うん、何回読んでもおもしろいよ。

8番　M：この毛糸何に使うの？　　　　　　🎧 83-08

　　　F：1．セーターを編もうと思って。

　　　　　2．カレーに入れようと思って。

　　　　　3．カレンダーに貼ろうと思って。

9番　F：大山君焼けたね〜。どこか行ってきたの？　🎧 83-09

　　　M：1．海が見えるホテルで、ずっと勉強してたからかな。

　　　　　2．ううん、クラブの練習で、ずっと外にいたからだよ。

　　　　　3．今から海に行くところなんだ。

10番　M：君の一番得意な科目って何？　　　　　　　　　　　　　🎧 83-10

　　　F：1．数字かな。
　　　　　2．世界史かな。
　　　　　3．読書かな。

11番　M：そこの机の上にある鉛筆、削ってくれない？　　　　　🎧 83-11

　　　F：1．いいけど、どこにいるの？
　　　　　2．いいけど、荷物の整理が終わったらね。
　　　　　3．いいけど、痛いかもしれないわよ。

12番　F：靴下脱いだら洗濯機に入れてっていつも言ってるでしょ。　🎧 83-12

　　　M：1．ごめん、今言うよ。
　　　　　2．ごめん、今脱ぐよ。
　　　　　3．ごめん、今入れるよ。

問題5

→ 문제 p.84　🎧 84-01

1番　お祖父さんと孫二人が話しています。

　M1：タケルは次の誕生日何買ってほしい？
　M2：ガイガーゼットの変身セットがほしい！ 僕も変身してガイガーゼットになるんだ！
　F ：だめだよ、お兄ちゃん！ ママがガイガーのおもちゃはお家にいっぱいあるから、キャ
　　　ニーちゃんのお化粧セットにしなさいって言ってたよ。
　M2：嘘つくなよ、麻衣。ママがキャニーちゃんのお化粧セットにしなさいなんて言う訳な
　　　いだろ。
　F ：お友達はみんな持ってるんだよ。麻衣のキャニーちゃんだけお化粧できなくてかわい
　　　そうだよ。
　M2：それと僕の誕生日は関係ないだろ。おじいちゃん、僕やっぱり変身セット止めてガ
　　　イガーゼットのＤＶＤにする。ＤＶＤがあったら毎日ガイガーゼットが見られるもん
　　　ね。
　M1：そうか、分かったＤＶＤな。なぁタケル、お祖父ちゃん麻衣がかわいそうになってし

まったよ。麻衣にも、その、なんだキャ何とかちゃんのお化粧セット買ってやっても
いいかな？

M2：キャニーちゃんだよ。いいけど、お祖父ちゃんまたママに怒られるね。

🔊 タケルはなぜ誕生日プレゼントをＤＶＤにしたのですか。
　　1．ＤＶＤを買うと祖父が母に怒られるから
　　2．妹がかわいそうになってしまったから
　　3．毎日ガイガーゼットになれるから
　　4．いつでもガイガーゼットが見られるから

→ 문제 p.84　🎧 84-02 ⋯⋯⋯⋯⋯⋯⋯⋯⋯⋯⋯⋯⋯⋯⋯⋯⋯⋯⋯⋯⋯⋯⋯⋯⋯⋯⋯⋯⋯⋯⋯

2番 部長と会社員二人が話しています。

M1：川村君、花見の場所は今年もいつもの場所でいいのかな？

F ：林部長、もう行かれますか？ 場所なんですけど、今年も３日前から場所取りには行
　　ったんですが、いつもの場所はもう取られてまして別の場所になりました。

M2：僕先週自転車で隣町に行ったんですが、その時、去年まであった桜の木のある公園が
　　駐車場になっているのを見ました。たぶんそこで花見をしていた人達がこっちへ流れ
　　てきたんだと思います。

M1：そうか、あの場所は桜の木も大きくて照明もあって明るくてよかったんだが、まあ仕
　　方がないな。じゃあ、今年はどこに場所を取ったんだい？ 歩いて行ける距離なのか
　　な？

F ：それなんですけど、このプリントを見てください。電車で三駅行ってもらわなきゃ
　　いけないんですけど。

M1：三駅もか？ 遠いな〜、って川村君、これ桜見川の屋形船じゃないか！ 今年は船から
　　花見か、これはビックリしたな。

F ：はい、さっきの話を社長に報告したら、日ごろの感謝の気持ちを込めて、今年は船で
　　花見をやろうって、費用も全部自分が払うからっておっしゃっていただいて。それに
　　ビックリさせたいから当日まではみんなには黙ってろって言われまして。

M1：なるほど、社長らしいな。

🔊 部長がこの後、初めに乗る乗り物はどれですか。

　　1. 自転車　　　　　　　　2. 電車

　　3. 船　　　　　　　　　　4. 自動車

➜ 문제 p.85　🎧 85-03

3番 男子学生一人と女子学生二人が話しています。

F1：京子…、だから早く病院に行けって言ったのよ。そんなになるまで放っておくからでしょ。

F2：そんなこと言ったってさ、昔からあの病院だけは苦手なんだもん。うう…痛くて死にそう。

M ：確かに僕も苦手かも。子どもの頃、連れて行かれた時にさ、泣いて暴れる僕を、母親と病院の人が手と足を押さえつけて、こうやって無理やり口を開けさせて。

F2：いやー！ 絶対嫌。絶対行かない！ そんな所。

F1：でも、そんなに痛いんじゃあ行かない訳にもいかないでしょう。何だか頬も腫れてきてるし。もう薬局の薬も効かないんでしょ？ 圭介も脅してるんじゃないわよ。

M ：ごめんごめん、今は昔と違って医療技術も進歩したし、上手な医者にやってもらえば治療もそれほど痛くないよ。早く行って治してもらえよ。車で病院まで連れてってやるからさ。

F2：そうだ、痛み止めの薬切れたんだ、薬局に買いに行かなきゃ。

M ：人の話聞いてますかぁー？ このまま薬で痛みを抑えてたって酷くなるだけだろ、もっと酷くなったら、外科手術で腹とか切られるかもしれないぜ。なぁ真美この辺りに病院なかったっけ？

F2：外科手術になんてなるわけないでしょう！ 圭介私をバカにしてるでしょ！

F1：そうねぇ、この近くだったら。駅の近くにある山下内科の横の病院がいいらしいわよ。おまけにそこの先生、ハンサムで、京子のタイプだし。

F2：圭介の車って学校の駐車場だよね。ほら、早く用意して病院行くわよ。

🔊 **質問1** 圭介が子どもの頃に連れて行かれたところはどこですか。

🔊 **質問2** 京子が病院に行く気になったのはなぜですか。

問題 1

→ 문제 p.88 🎧 88-01

1番　デパートで女性が男性の店員と話しています。女性はどのスーツケースを買いますか。

　F：スーツケース、どれがいいかな？　5泊6日だとどのぐらいの量が必要かしら？

　M：そうですね～。それでしたら中ぐらいの大きさを買って行かれる方が多いですよ。この赤のスーツケースはどうですか？　とても丈夫で重そうに見えますが、実は軽い素材で作られているので女性の方に人気です。また、防水加工もされていて、鍵もついています。

　F：いいわね。でもこの黒のスーツケースもデザインがいいわね。

　M：色は3種類あり、黒の外に青とグレーがございます。こちらは先ほどと同じく丈夫ですが、先ほどのものより少し重いです。防水加工と鍵はついています。

　F：う～ん。スーツケース自体が重いと疲れるから軽いほうにするわ。

　🔊 女性はどのスーツケースを買いますか。

→ 문제 p.88 🎧 88-02

2番　映画館で男性と女性が話しています。この後、二人は何を食べに行きますか。

　M：お腹すいてる？　映画見た後でご飯食べに行かない？

　F：今はまだお腹すいてないけど、映画見た後ならいいよ。何食べる？　私、昨日は友達とピザを食べたからピザ以外がいいな。

　M：あっ偶然だね。僕も昨日ピザ食べたよ。そうだ、中華料理はどう？　いつもよく行くお店だけど、あそこはおいしいし。それとも君の好きな寿司がいい？　この間、いいお店を部長から教えてもらったから君と一緒に行きたくて。

　F：部長のおすすめのお店ってどんなところかしら？　でも、私、給料日前だからあまりお金がなくて。あなたが支払ってくれるなら部長のおすすめのお店にするわ。

　M：心配しなくても大丈夫だよ。僕が出すから。

　F：ありがとう。じゃあ、決まりね。ごちそうさま。

　🔊 この後、二人は何を食べに行きますか。

3番 お母さんと娘が話しています。娘はどのお皿を学校に持って行きますか。

F1：明日、調理実習なんでしょ？ 準備はもう終わったの？

F2：今、準備してるところだよ。ねぇお母さん、明日、カレーを入れるお皿を持って行か
ないといけないんだけど、どれを持って行ったらいいかな？

F1：学校では貸してくれないの？ 変ね。あまり小さいとちょっとしか食べられないよね。
あっ！ いいのがあるわ。カレーならこのぐらいのちょっと深いお皿の方がこぼさずに
食べられられるから、あなたにはちょうどいいかもしれないわね。ちょっと大きいけ
ど、これ持って行きなさい。

F2：え〜。これちょっと深すぎない？ 学校の食堂で食べるカレーのお皿はこれよりもう少
し浅くて細長いんだけど。

F1：うちにはこれしかないんだから、贅沢言わないの。それが嫌なら普通の平らなお皿を
持って行けばいいじゃない。

F2：お母さん、ごめん。これでいいよ。ありがとう。

🔊 娘はどのお皿を学校に持って行きますか。

4番 旅行会社で働く男の人と客の女の人が話しています。旅行のとき、袋の中身で必ず必要
なものはどれですか。

M：お客様、ひかりツアーにお申し込みいただきありがとうございます。こちらの袋に必要
な物が全て入っています。旅行の際は袋ごとお持ちください。

F：はい、わかりました。袋の中身は、旅行日程表、航空チケット、旅行保険の案内冊子、
割引クーポンですね。

M：はい。あと、こちらの「オプション」と書かれた紙は現地の人にお渡しください。こち
らも袋の中に一緒に入れておきますね。忘れないようにしてください。

F：わかりました。いろいろとありがとうございます。

M：割引クーポンは必要がなければ自宅に保管されても構いませんよ。

F：そうですか？ じゃあ、これは家に置いて行きますわ。

🔊 旅行のとき、袋の中身で必ず必要なものはどれですか。

→ 문제 p.90　🎧 90-05

5番　女性二人が結婚式の服装について話しています。女性は結婚式にどの服装で行くことにしましたか。

F1：今度の日曜日、友達の結婚式があるんだけど、何を着て行けばいいかな？　結婚式ってまだ一度も行ったことがなくて。

F2：一般的にはワンピースが多いけど、スーツや着物の人もいるよ。でも、色には気をつけてね。白は花嫁の色だから白を着て行くと怒られるよ。

F1：あっそうなの？　じゃあ、黒やピンクのワンピースならいいの？　私、ピンクのワンピースなら持っているんだけど、黒のワンピースもいつか買いたいと思ってるのよね。着物もいいけど、もう着れる年じゃないし。

F2：黒のワンピースでもいいけど、靴も黒で鞄も黒だと、まるでお葬式みたいだから、黒よりはピンクの方が可愛くてあなたらしいわよ。でも、夜なら黒のワンピースにちょっと豪華なアクセサリーをつけて大人っぽくすることもできるからアクセサリー次第かな。あと、スーツを着ている人はあまり見ないし、地味だからつまらないと思う。

F1：なるほど、黒のワンピースもアクセサリーによっては変わるんだね。でも、今月は他にも買う予定のものがあって、あまりお金が使えないから、黒のワンピースは次の機会にするわ。

🔊 女性は結婚式にどの服装で行くことにしましたか。

問題2

→ 문제 p.91　🎧 91-01

1番　父と娘が話しています。娘はなぜ悔しがっていますか。

M：久見〜、今日試験の結果が返ってきたんだろ？　母さんから聞いたよ。

F：も〜、お母さんはいつも先に話しちゃうんだから！　算数のテストが返ってきたの。

M：でも何でそんな暗い表情をしているんだ？

F：だって…あまり点数がよくないんだもん。本当悲しい。

M：どれどれ、50点か〜。昔のお父さんの点数よりはいいけどな〜。試験は今回だけじゃないから次頑張ればいいじゃないか。…でも、久見。他の問題はできているのに何でこの問題だけできてないんだ？　9×8、42÷6、74−8…そんなに難しくないと思うんだけど。

F：答えをひとつずつずらして書いちゃって…悔しい。

🔊 娘はなぜ悔しがっていますか。

→ 문제 p.91　🎧 91-02

2番 部長と女性社員が話しています。なぜ女性社員は注意されましたか。

M：丸山さん、君、横田さんの指導係だったよね。

F：はい、そうですが、横田が何か？

M：最近頼んだ仕事もなかなか返ってこないし、やる気がないみたいなんだ。新入社員だから覚えてもらわないといけないことも多いのに。これじゃあ、君の指導不足と見られる可能性もあるぞ。きちんと指導するように。

F：分かりました。申し訳ありません。

M：あと、この書類作ったのも君だよね。

F：そうですが…どこか間違えていますか？

M：いや。間違えてはいないんだが、文字が小さすぎてよく見えない部分があって…大きくしてくれるかな。

F：すいません。すぐ直します。

M：お願いするよ。

🔊 なぜ女性社員は注意されましたか。

→ 문제 p.92　🎧 92-03

3番 母と娘が話しています。娘はなぜ女子高校に行きたくないと言っていますか。

F1：美紀も中学3年生になったことだし、どの高校に行くか決めておかないとね。

F2：うん。私も少しは考えたよ。でね、丸山高校に行きたいなと思って。

F1：男子も女子もいる高校ね。女子高は嫌なの？ お母さんいくつかいいところ見つけたんだけど。

F2：女子高は嫌！

F1：どうして？ お母さんも行ってたけど、楽しかったわよ？ 男の子がいないと嫌なの？

F2：そうじゃないけど、お姉ちゃんも行ってたでしょ？ お姉ちゃん高校生活大変そうだったから。

F1：お姉ちゃんは勉強がついていけなくて大変だったのよ。

F2：でも、学校生活もあまり楽しそうじゃなかったよ。だから私、女子高は嫌！ それで男子と女子がいる高校の中だったら丸山高校がいいなと思って。

F1：そう…、でも何でそんなに丸山高校がいいの？ 他にも高校いっぱいあるでしょ。

F2：だって、山下君がこの学校に行くって言うから…。

F1：そういうことか。

🔊 娘はなぜ女子高校に行きたくないと言っていますか。

→ 문제 p.92 🎧 92-04

4番 父と娘が話しています。お父さんが重視した電話の機能はどれですか。

M：なあ明子〜、ちょっと教えてほしいことがあるんだけど、今時間いいか？

F：いいけど、何？

M：いや、お父さんな、新しく電話を買おうと思うんだけど、どれがいいのかさっぱり分からなくってな、教えてくれないか？ 店でカタログはもらってきてるんだよ。ほらこれ。

F：ええ？ 私だってそんなに詳しくないよ。別に好きな形とか色で決めたらいいんじゃないの？

M：冷たいなぁ。せっかく新しく買うんだから、いいのを買いたいじゃないか。なんだ、今はあれだろ？ しゃっ写ベールとかいうのがあるんだろ？

F：写メールだよ、お父さん。電話で写真を撮ってメールで送るの。でもそれだったら、今はたいていの電話にはカメラが付いてるから。お父さん、これにしたら？ 簡単だし、字だって普通のより5倍に大きくなる文字拡大機能も付いてるし。

M：ん？ お祖父さんお祖母さんにも安心電話！？ 明子、お父さんはまだお祖父さんじゃないぞ！ 新聞だってまだ眼鏡を掛けないで読めるんだからな。

F：はいはい、ごめん、ごめん。じゃあさ、お父さんが話す以外で一番使いそうな機能を重視した方がいいんじゃない？ これなんかいらないでしょう？ 音楽とか入れられる音楽機能電話。

M：そうだな、このお子様安心防犯アラーム機能電話とかもいらないな。

F：あっこれなんかどう？ テレビ機能電話、ラジオも聞けるみたいよ。

M：そっか、明子、お父さん今英語の勉強してるんだ、さっきの電話だったら英語の歌とか聞けるんじゃないか？ お父さんこれにするよ。

🔊 お父さんが電話で重視した機能はどれですか。

5番　社長と社員が話しています。社員はなぜ山田商事へ断りの連絡をすると言っていますか。

F：社長、本日3時からの山田商事との打ち合わせですが、あちらから来週の水曜に延期していただけないかと、先ほど連絡が入りました。

M：そうか、来週の水曜か、私の予定はどうなっているのかな？

F：はい、申しあげます。来週の水曜日は午前中に社内会議、そのあと午後1時より川西商事、土田商事、岩本商事と、続けて3件打ち合わせが入っております。この日は夜7時から上坂社長とのお食事会も入っております。

M：そうかぁ。予定はいっぱいかぁ。

F：いかがいたしましょう。山田商事へ断りの連絡をしますか？

M：う～ん、いや待て、上坂社長に連絡を入れてみるよ。さっきこの辺りに来てるって電話で言ってたから食事会を今日にしてもらうよ。今日はこのあとは何もないはずだったな？

F：はい、本日は山田商事との打ち合わせ以降は予定は入っておりません。

M：じゃあ、そうしよう。山田商事には夕飯を食べながら打ち合わせをしようと連絡を入れてくれるか。

F：了解いたしました。社長、お疲れのようですので少し休まれてはいかがですか？　私、コーヒーを入れてまいります。

M：ああ、ありがとう。そうするよ。

🔊 社員はなぜ山田商事へ断りの連絡をすると言っていますか。

6番　カップルが話しています。彼女はなぜダイエットをしているのですか。

M：里美の好きなドラマ始まるよ。

F：う～ん、いっ今行くよ。98・・99・・ひひひ100！はぁー終わったぁ。

M：なんで廊下でトレーニングなんてしてるんだよ。

F：廊下は床が冷たいから気持ちいいの。

M：僕が言ったこと気にしてダイエットしてるんだったらもうやめろよ。僕は「里美は丸くて可愛い」って言ったのに。

F：「丸くて」はいらないでしょ。でも別に私そんなの気にしてないわよ。あっ、この女優痩せて綺麗になったわね。

M：じゃあ、なんでだよ。最近飯だって食べてないだろ？　心配するじゃないか。何でダイエットなんかしてるんだよ。なあ教えろよ、なぁって。

F：もう、しつこいわね。分かった、分かったわよ、言うわよ。あそこに掛けてあるワンピース！

M：あのワンピースが何だよ…あっ！　もしかして入らなかったのか？

F：入ったわよ、失礼ね！　でも…入ったんだけど、鏡で自分の姿を見たら…丸く見えたの。自分でも丸く見えたのよ！

M：やっぱり、気にしてたんだ。

🔊 彼女はなぜダイエットをしているのですか。

→ 문제 p.94 🎧 94-01 ....

1番　会社員の男性が会議で調査結果を話しています。

M：電子辞書の新商品を作るにあたり、敬語のプログラムも入れてはどうかと思い、敬語についての調査を実施しました。その結果、敬語の使い方が「難しい」と感じる人は全体の68％という結果になり、敬語を正しく使える自信について、「全くない」「あまりない」と回答した人は、全体の40％、一方、「とてもある」と回答した人は全体の12％にとどまりました。特に、30代の「とても自信がある」割合は僅か6％でした。この結果から敬語のプログラムは必要でお客様に喜ばれるものであるとも感じました。

🔊 調査の結果、敬語にとても自信があると答えた人は全体の何パーセントでしたか。

1. 68％　　　　　　　　　　2. 40％

3. 12％　　　　　　　　　　4. 6％

→ 문제 p.94 🎧 94-02 ....

2番　心理学者が講演しています。

M：謙虚な人は、人生で得をする機会が多くなると思います。それは、謙虚であれば相手に

好きになってもらえ、様々なことを学ぶ環境が整いやすいからです。そのため、早く
物事を理解し、自分の中に取り入れてしまうことができます。そのために、たくさんの
考え方を知ることができます。たくさんの考え方があるから、自分が不安定になるので
はなく逆に人一倍心が豊かになるのです。そんな人は他の人から好かれ、必要とされま
す。

🔊 心理学者が話す謙虚な人の説明として正しいものはどれですか。
　1．早く物事を理解することができるので他の人から好かれやすい。
　2．他の人よりも様々な考え方を聞く機会に恵まれている。
　3．生きている間に得をすることがあまりない。
　4．たくさんの人から必要とされるので心が不安定だ。

➜ 문제 p.94 🎧 94-03 ....

3番　女子学生が授業中に発表しています。

　F：私はダイエットについて発表したいと思います。私はダイエットをする上で、食事の
　　献立を決めることが最も重要だと思います。そこで私はその献立を決める時のポイント
　　をまとめました。まず、おかずは一人分ずつ盛るということです。こうすることで食べ
　　すぎを防ぐことができます。次にスープをおかずの一つに加えることです。これは他の
　　料理よりもお腹がいっぱいという感覚をすぐに感じられるのでおかずが少なめでも満足
　　できるからです。また、そのような感覚を感じるためには柔らかいものではなく硬いも
　　のを食べるようにするのも良いでしょう。

🔊 献立を決める時のポイントとして女子学生が話していない内容はどれですか。
　1．おかずを少なく作る。
　2．おかずを一人分ずつ盛る。
　3．スープをおかずとして作る。
　4．硬いものを食べるようにする。

➜ 문제 p.94 🎧 94-04 ....

4番　医者がテレビで話しています。

　M：私たちは生活していると沢山の音を出すと同時に耳にしています。街中にも車が走る

音や人々の会話が溢れています。「聞く」ということは、音が外から耳に入ってきて、神経、頭に伝わるというメカニズムです。そのため騒音も、外から耳に入ることで、人は意識しなくても聞いてしまっています。しかし、皆さん日常の生活に慣れた程度の騒音であれば、あまりうるさいとは感じませんよね？ それは自然と人は必要な音と不必要な音を区別しているからなのです。つまり音が耳から頭の中に伝わり、伝わった情報を頭で一瞬の間に処理しているわけです。このことから「聞く」ということは耳以外の部分も重要な働きをしているということが分かりますね。

🔊 医者の考えと合っているものはどれですか。

1．人は意識して必要な音と不必要な音を区別している。
2．音が頭の中に伝わって初めて聞いたと言える。
3．少しの音の騒音でも人はうるさいと感じてしまう。
4．音の情報を処理するためには時間がかかる。

→ 문제 p.94 🎧 94-05 ....

5番　男子学生が授業中に発表しています。

M：コミュニケーションは今の社会の中でとても重要なものです。しかし、パソコンや電話が普及したことで昔よりも直接的なコミュニケーションが減ってきていることも事実です。あるニュースで一人で暮らしているおばあさんが「地域の皆さんに声をかけていただくと力になります」と話していて、また、若い女の子が「近所のおばさんに名前を呼ばれた後、その服、可愛いね、と言われ、一日中元気でいられた」とも言っていました。それを見て人は挨拶一つでも心が満足できるのだと思いました。いつの時代でも地域であれ、職場であれ、互いの一言が元気のもととなるのです。

🔊 男子学生は何について話していますか。

1．コミュニケーションの大切さ
2．いいコミュニケーションの方法
3．コミュニケーションの長所と短所
4．コミュニケーションと挨拶の違い

→ 문제 p.95 🎧 95-01~12

1番　F：松田君の長所って何？　🎧 95-01

　　　M：1. 我慢強くないところかな。

　　　　 2. けちなところかな。

　　　　 3. 優しいところかな。

2番　M：僕と付き合ってください。　🎧 95-02

　　　F：1. へぇ〜。

　　　　 2. えっ？

　　　　 3. うっ…。

3番　F：引っ越す時、捨てるものあったらちょうだい。　🎧 95-03

　　　M：1. えっ、そんなに捨てるの？

　　　　 2. 分かった、連絡するよ。

　　　　 3. うん、なかったらね。

4番　M：生年月日はいつですか？　🎧 95-04

　　　F：1. 1983年4月19日です。

　　　　 2. 犬年です。

　　　　 3. 明日は2010年3月10日です。

5番　M：上田君、これからのスケジュールはどうなってる？　🎧 95-05

　　　F：1. 昨日お話しするつもりでした。

　　　　 2. 1時間後に会議が入っています。

　　　　 3. 3時ごろから雨が降ると言っていました。

6番　M：君は何をしても上達が速いね。　🎧 95-06

　　　F：1. 申し訳ありません。

　　　　 2. 失礼しました。

　　　　 3. ありがとうございます。

7番　F：このスカート、大きさが合わなかったんですけど、交換可能ですか？　🎧 95-07

　　　M：1．この店では一度着られたものは交換できないんですよ。

　　　　　2．何と交換されたいんですか？

　　　　　3．交換は可能なんですが、このスカートは色が一つしかないんですよ。

8番　M：すいません、トイレはどこですか？　🎧 95-08

　　　F：1．女性用トイレなら1階下にございますので、ご利用ください。

　　　　　2．10時から開いているはずです。

　　　　　3．突き当たりを右に行けばございます。

9番　F：100円足りないんだけど、貸してくれない？　🎧 95-09

　　　M：1．今すぐ返せよ。

　　　　　2．しょうがないな〜。

　　　　　3．いくら貸そうか。

10番　M：家の中が何でこんなにしいんとしてるんだ？　🎧 95-10

　　　F：1．子供たちがおばあちゃんの家に行ってていないからよ。

　　　　　2．トイレの水が詰まっちゃって工事してもらってるからよ。

　　　　　3．よく吠えるポチが30分前まで寝てたからよ。

11番　F：明日の学校の用意ちゃんとできたの？　🎧 95-11

　　　M：1．学校に着いたらするよ。

　　　　　2．今してるところだよ。

　　　　　3．うん、一生懸命作ったよ。

12番　F：作文コンクールで賞をもらったんですって。おめでとう。　🎧 95-12

　　　M：1．ありがとう。絵を描くの大変だったんだ。

　　　　　2．うん。僕って本当に作文の才能ないね。

　　　　　3．ありがとう。僕もびっくりしちゃったよ。

→ 문제 p.96 🎧 96-01 ....

1番 親子三人が話しています。

F ：ねぇあなた、私のノートパソコン知らない？　私の部屋にないのよ。

M1：またないのか？　本当によく探した？　君はいろんなところに、物を置きっぱなしにするから。

F ：探したわよ。私の部屋も台所もリビングも。あと探してないのは、あなたの書斎だけなんだけど。

M1：僕は使ってないよ。最近忙しかったから、書斎には入ってないし。昨日友達の田所さんの家に行ったんだろう？　その時に忘れて来たんじゃないのか？

F ：田所さん家には持って行かないわよ。おかしいわねぇ。どこ行っちゃったのかしら。

M2：お母さん、おやつない？

F ：台所にあるでしょう。タカシお母さんのノートパソコン知らない？

M2：知らな〜い。

M1：お〜い、僕の書斎にあったよ。タカシのマンガ本と食べ終わったお菓子の袋と一緒に。

F ：ちょっと、タカシ！！

🔊 母がパソコンを探さなかったのはどこですか。
1. 台所
2. タカシの部屋
3. 書斎
4. 自分の部屋

2番 会社員三人が話しています。

F1： どうしたの川口君、ニコニコしちゃって。何かいいことでもあった？

F2： 恵理子、聞かない方がいいよ。どうせ、またあれだよ。「うちの奥さんは綺麗なんでーすー」だよ。

F1： ああ、川口君先月結婚したばっかりだもんね。いいなぁ、私なんて今彼氏もいないのに、はぁ〜子犬でも飼おうかなぁ。でも、川口君24歳で結婚なんて本当早いよね。

F2： そうよね、それに奥さん確か前の結婚失敗したから、もう結婚はしたくないって言ってたんじゃなかった？ なのにどうして？

M ： はい、あなたは結婚したくなくても、僕はあなたと結婚したいんです。って101回言いました。そしたら、最後は「はい、分かりました。結婚しましょう」って言ってくれて。

F2： そっか、101回も言われて面倒になったんだろうね。ところで、さっきから何見てるの？ んっ？ これ、お腹の中の赤ちゃんの写真じゃない？！ まさか、もう？！

M ： いいえ、これは昨日奥さんの長女が持ってきたんです。3月に生まれるそうで、昨日それを聞いてから今から楽しみで、だからニコニコしてたんですよ。

🔊 男性社員はなぜニコニコしているのですか。

1．先月結婚できたから
2．奥さんに赤ちゃんができたから
3．犬を飼うから
4．孫が生まれるから

3番 男子学生一人と女子学生二人が話しています。

F1： う～寒い～。いつになったら春は来るのよ。今日は天気も悪いし。何でこんな日に部
会なんてやるのよ！

M ： だってしょうがないだろ。明日までに今年の新入生勧誘ブース計画を提出しないとい
けないんだから。

F1： だから、何で明日までなのよ。そこが、問題なのよ。何で今までそんな大事なこと忘
れてるの？ そんなんだから先月彼女に振られたのよ。

M ： よくも人の心の傷を！ それは関係ないだろ！ なぁ真美！

F2： なぁって、私に話を振らないでよ。とりあえず今年も長机を2台と椅子6脚と電気コ
ード1本は申請するとして、あと雨除けのテントも申請しておいた方がいいんじゃな
い？ 去年途中で雨に降られて大変だったでしょ？

M ： いや、今年は屋根がある所でやるからテントは大丈夫じゃないか？ あとさ、テレビ
持って行って今までの大会のビデオとか見せようと思うんだけど。

F2： いいわね、それ。じゃあ、テントはなしで、電気コードをもう1本申請するっと。あ
とは去年の資料をつけて完成と。明日絶対に出し忘れちゃ駄目だからね、出したら
連絡しなさいよ。

M ： はい、忘れず出します、連絡もします。ありがとうございました。

F1： あっ！ 降ってきた！ …でも雨じゃな～い。

F2： 今日は寒いからね…。

🔊 質問1 去年の新入生勧誘の時にふられたのはどれですか。

🔊 質問2 この部の去年の新入生勧誘の時になかったものはどれですか。

정답

(1) 발음

가. 비슷한 발음

1. とり
2. もも
3. そしつ
4. かいたい
5. ほそい
6. うえき
7. うけつけ
8. ろくおん
9. せいど
10. ひじょう
11. さきおととい
12. こんだて
13. えんき
14. しんよう
15. へこむ
16. くつう
17. けんしゅう
18. こっそり
19. ほうふ
20. らいにち

나. 탁음과 반탁음

1. えいぎょう
2. じんるい
3. よごす
4. ようし
5. メンバー
6. めいしん
7. ボールペン
8. プラス
9. トランプ
10. ひとどおり
11. にじ
12. ちょくぜん
13. ふごう
14. とくばい
15. ダブる
16. はんざい
17. でんぽう
18. プリント
19. たがい
20. どうよう

다. 촉음과 장음

1. エチケット
2. こうよう
3. こきょう
4. うったえる
5. ロッカー
6. ネックレス
7. ストッキング
8. ほほ
9. ぐっすり
10. しょうぼうしょ
11. ようぶん
12. いっち

13. どろ
14. ずうずうしい
15. リットル
16. にっこり
17. フォーク
18. ゆっくり
19. サービス
20. ラッシュアワー

라. 발음과 기타

1. へいきん
2. けっかん
3. ほんらい
4. あんい
5. しじん
6. いちば
7. ちょきん
8. まんがいち
9. ひょうじゅん
10. じんぶんかがく
11. ようじ
12. はんだん
13. テンポ
14. めいしん
15. そうおん
16. ちょうか
17. スタート
18. しゅうにん
19. たんこう
20. ぼっちゃん

(3) 뉘앙스 파악

1. B 2. B 3. B 4. A 5. A
6. B 7. A 8. B 9. A 10. A
11. B 12. B 13. A 14. A 15. B
16. B 17. B 18. A 19. A 20. B

(4) 문제를 잘 듣는다

1. 4 2. 1 3. 3 4. 2 5. 1

(5) 필요정보를 찾아 듣는다

1. 3 2. 3 2. 2 4. 2 5. 4

(6) 들은 정보를 다른 말로 바꾼다

1. 1 2. 1 3. 3 4. 4 5. 3

(7) 마지막에 나오는 포인트를 놓치지 않는다

1. 2 2. 1 3. 3 4. 3 5. 4

(8) 오답을 정리한다

1. 2　　　2. 1　　　3. 4　　　4. 1　　　5. 3

(9) 질문의 요점을 파악한다

1. 2　　　2. 2　　　3. 4　　　4. 1　　　5. 4

2. 메모의 기술

(1) 대상

1-1. 木下(さん)

2. 山本(さん)

3. 4個(つ)

4. 3人

5. 土曜日

2-1. 8人

2. 4人

3. 父(お父さん)

4. 4本

5. チョコレートケーキ

(2) 날짜, 요일, 시간 등

1-1. 晴れ

2. 7時半(7時30分)

3. カップラーメン

4. 5分(後)

5. 化粧

2-1. 金曜日

2. 3つ

3. 木曜日と土曜日

4. 水曜日

5. 料理サークル

(3) 숫자

1-1. 野菜鍋

2. 1000円

3. 2000円

4. 25日

5. しゃぶしゃぶ

2-1. 5人

2. 牛肉

3. 650グラム

4. 100グラム

5. 3日

(4) 기타

1-1. 春子と夏子

2. 春子

3. 秋子

4. 冬子と夏子

5. 姉妹

2-1. 4番

2. 2番

3. 1番

4. 3番

5. 2月13日

問題1

1. 3	2. 1	3. 1	4. 4	5. 1
6. 2	7. 4	8. 3	9. 1	10. 3
11. 4	12. 3	13. 3		

問題2

1. 4	2. 4	3. 2	4. 3	5. 1
6. 4	7. 4	8. 2	9. 3	10. 3
11. 4	12. 3	13. 2	14. 2	15. 3

問題3

1. 1	2. 1	3. 2	4. 4	5. 3
6. 3	7. 2	8. 2	9. 3	10. 1
11. 3	12. 1	13. 4		

問題4

1. 2	2. 1	3. 3	4. 1	5. 2
6. 2	7. 3	8. 1	9. 3	10. 1
11. 2	12. 3	13. 3	14. 2	15. 1
16. 1	17. 3	18. 1	19. 2	20. 1
21. 3	22. 3	23. 2	24. 1	25. 2
26. 3	27. 1	28. 2	29. 1	30. 2

問題5

1. 3	2. 2	3. 1	4. 4	5. 4
6-1. 1	2. 4			
7-1. 3	2. 2			
8-1. 4	2. 2			
9-1. 2	2. 3			
10-1. 3	2. 3			
11-1. 2	2. 2			

問題1

1. 1	2. 3	3. 2	4. 1	5. 2

問題2

1. 3	2. 2	3. 1	4. 2	5. 2
6. 4				

問題3

1. 3	2. 4	3. 2	4. 1	5. 3

問題4

1. 2	2. 1	3. 3	4. 1	5. 2
6. 1	7. 1	8. 3	9. 3	10. 1
11. 2	12. 1			

問題5

1. 2	2. 2
3-1. 4	2. 3

問題1

| 1. 3 | 2. 4 | 3. 1 | 4. 1 | 5. 2 |

問題2

| 1. 1 | 2. 3 | 3. 4 | 4. 2 | 5. 3 |

6. 2

問題3

| 1. 3 | 2. 1 | 3. 1 | 4. 3 | 5. 3 |

問題4

1. 1	2. 3	3. 3	4. 3	5. 2
6. 1	7. 3	8. 1	9. 2	10. 2
11. 2	12. 3

問題5

| 1. 4 | 2. 2 |
| 3-1. 3 | 2. 2 |

問題1

| 1. 2 | 2. 3 | 3. 3 | 4. 1 | 5. 1 |

問題2

| 1. 4 | 2. 2 | 3. 3 | 4. 3 | 5. 2 |

6. 3

問題3

| 1. 3 | 2. 2 | 3. 1 | 4. 2 | 5. 1 |

問題4

1. 3	2. 2	3. 2	4. 1	5. 2
6. 3	7. 1	8. 3	9. 2	10. 1
11. 2	12. 3

問題5

| 1. 3 | 2. 4 |
| 3-1. 1 | 2. 4 |

해답 용지

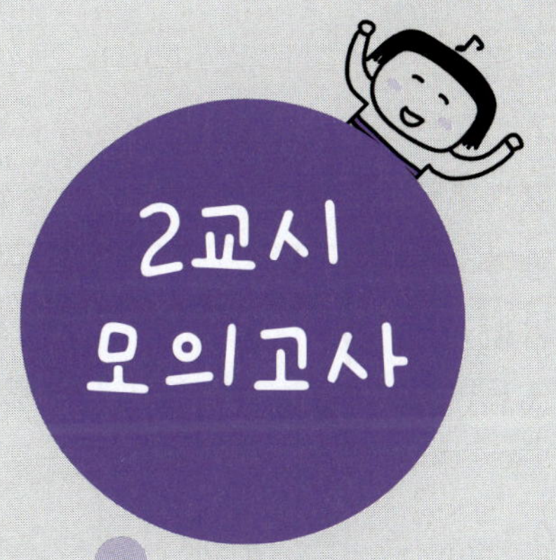

聴解

N2　聴解　解答用紙

受　験　番　号 Examinee Registration Number	

名　前 Name	

<　ちゅうい　Notes　>

1. くろいえんぴつ（HB、No.2）で
   かいてください。
   Use a black medium soft
   (HB or No.2) pencil.

2. かきなおすときは、けしゴムで
   きれいにけしてください。
   Erase any unintended marks
   completely.

3. きたなくしたり、おったりしないで
   ください。
   Do not soil or bend this sheet.

4. マークれい　Marking examples

よい Correct	わるい Incorrect
●	⊘ ◑ ◖ ◎ ◑ ⊝ ◐ ① ◍

問　題　1

1	①	②	③	④
2	①	②	③	④
3	①	②	③	④
4	①	②	③	④
5	①	②	③	④

問　題　2

1	①	②	③	④
2	①	②	③	④
3	①	②	③	④
4	①	②	③	④
5	①	②	③	④
6	①	②	③	④

問　題　3

1	①	②	③	④
2	①	②	③	④
3	①	②	③	④
4	①	②	③	④
5	①	②	③	④

問　題　4

1	①	②	③	④
2	①	②	③	④
3	①	②	③	④
4	①	②	③	④
5	①	②	③	④
6	①	②	③	④
7	①	②	③	④
8	①	②	③	④
9	①	②	③	④
10	①	②	③	④
11	①	②	③	④
12	①	②	③	④

問　題　5

1		①	②	③	④
2		①	②	③	④
3	(1)	①	②	③	④
	(2)	①	②	③	④

N2　聴解　解答用紙

受　験　番　号 Examinee Registration Number	

名　前 Name	

＜　ちゅうい　Notes　＞

1. くろいえんぴつ（HB、No.2）で
かいてください。
Use a black medium soft
(HB or No.2) pencil.

2. かきなおすときは、けしゴムで
きれいにけしてください。
Erase any unintended marks
completely.

3. きたなくしたり、おったりしないで
ください。
Do not soil or bend this sheet.

4. マークれい　Marking examples

よい Correct	わるい Incorrect
●	◌ ⊘ ◔ ◍ ⊘ ◐ ◯

問　題　1

1	①	②	③	④
2	①	②	③	④
3	①	②	③	④
4	①	②	③	④
5	①	②	③	④

問　題　2

1	①	②	③	④
2	①	②	③	④
3	①	②	③	④
4	①	②	③	④
5	①	②	③	④
6	①	②	③	④

問　題　3

1	①	②	③	④
2	①	②	③	④
3	①	②	③	④
4	①	②	③	④
5	①	②	③	④

問　題　4

1	①	②	③	④
2	①	②	③	④
3	①	②	③	④
4	①	②	③	④
5	①	②	③	④
6	①	②	③	④
7	①	②	③	④
8	①	②	③	④
9	①	②	③	④
10	①	②	③	④
11	①	②	③	④
12	①	②	③	④

問　題　5

1		①	②	③	④
2		①	②	③	④
3	(1)	①	②	③	④
	(2)	①	②	③	④

N2　聴解　解答用紙

<table>
<tr><td>受　験　番　号
Examinee Registration
Number</td><td></td></tr>
</table>

<table>
<tr><td>名　前
Name</td><td></td></tr>
</table>

<　ちゅうい　Notes　>

1. くろいえんぴつ（HB、No.2）で
かいてください。
Use a black medium soft
(HB or No.2) pencil.

2. かきなおすときは、けしゴムで
きれいにけしてください。
Erase any unintended marks
completely.

3. きたなくしたり、おったりしないで
ください。
Do not soil or bend this sheet.

4. マークれい　Marking examples

よい Correct	わるい Incorrect
●	◌ ◌ ◌ ◌ ◌ ◌ ◌

問　題　1

1	①	②	③	④
2	①	②	③	④
3	①	②	③	④
4	①	②	③	④
5	①	②	③	④

問　題　2

1	①	②	③	④
2	①	②	③	④
3	①	②	③	④
4	①	②	③	④
5	①	②	③	④
6	①	②	③	④

問　題　3

1	①	②	③	④
2	①	②	③	④
3	①	②	③	④
4	①	②	③	④
5	①	②	③	④

問　題　4

1	①	②	③	④
2	①	②	③	④
3	①	②	③	④
4	①	②	③	④
5	①	②	③	④
6	①	②	③	④
7	①	②	③	④
8	①	②	③	④
9	①	②	③	④
10	①	②	③	④
11	①	②	③	④
12	①	②	③	④

問　題　5

1		①	②	③	④
2		①	②	③	④
3	(1)	①	②	③	④
	(2)	①	②	③	④

▶ 이종권

현) 이종권일본어학원 원장

일본문부성 국비장학생
1991년 이후 일본어 교육에 종사
국내 최초 일본유학시험(EJU)반 개설 운영 중
현재 NEW(신)일본어능력시험반과 일본유학시험반 강의 중

전) 시사일본어학원 교수부장 및 본부장
현) 이종권 일본어학원 원장 겸 시험대비 강사

▶ 저서

일본어능력시험 혼자서도 자신 있게 1급 한번에 합격하기
일본어능력시험 혼자서도 자신 있게 2급 한번에 합격하기
일본어능력시험 혼자서도 자신 있게 3급 한번에 합격하기
그 외 다수

▶ 연구원

上阪桃子 / 木下真理子 / 右田明子 / 三宅信子 / 안혜원

판권

저자 **이종권**
초판 1쇄 발행 2010년 6월 14일
초판 2쇄 발행 2010년 9월 13일

발행인 **박효상**
편집책임 **임수진**
편집 **김진아**
디자인책임 **손정수**
마케팅책임 **이종선**
마케팅 **이태호, 이전희**

발행처 **사람in**
출판등록 제 10-1835호
주소 121-839 서울 마포구 서교동 378-16 4F
전화 02.338.3555 팩스 02.338.3545
e-mail saramin@netsgo.com homepage www.saramin.com

만든사람들
책임편집 **김진아**
본문 표지 디자인 **홍수미**

※책값은 뒤표지에 있습니다. ※파본은 구입하신 곳에서 바꾸어 드립니다.
ⓒ 이종권 2010

978-89-6049-161-8   18730